MANUEL DE REÏKI PREMIER DEGRE

REÏKI TRADITIONNEL SELON LA METHODE ORIGINALE DE MIKAO USUI

USUI REIKI RYOHO

SHO DEN

Auteur et enseignante : Valérie Tardy

Table des matières

Avertissement

Introduction

Si vous lisez ce manuel c'est que vous avez reçu la formation de départ correspondant aux techniques du niveau shoden du Usui Reïki Ryoho dans l'un de mes stages ou bien que vous avez acheté ce manuel en format kindle pour vous informer sur le reïki.

Pour leur suivi, mes élèves ne doivent pas hésiter à poster sur le forum du site «Au Coeur de la Vie» (http://www.au-coeur-de-la-vie.com/forum). Le reste de l'enseignement spirituel nécessaire au travail sur soi est proposé dans mes autres stages. Vous en trouverez la description sur mes sites.

Ce manuel présente un récapitulatif des techniques apprises pendant le stage «Reïki premier degré » avec moi. Il ne constitue pas l'ensemble de l'enseignement de premier degré proposé en stage, qui repose en grande partie sur les échanges entre les élèves et moi, ainsi que sur mon expérience pour les guider dans leurs problématiques personnelles. Bien entendu, lire ce manuel ne remplacera jamais un stage et le suivi de l'enseignant.

D'autre part, si vous avez suivi un stage Reïki premier degré avec un autre enseignant, il est possible que vous soyez surpris par le contenu de ce manuel, et par la vision du Reïki que je propose. Je fais de mon mieux pour enseigner le Usui Reïki Ryoho en étant aussi proche que possible de la méthode traditionnelle telle que Usui l'a conçue. Je ne me réclame d'aucune école spécifique, et l'enseignement que je propose, comme tous les autres enseignants, est avant tout le fruit de mon parcours spirituel, qui a permis d'éclairer les éléments que j'ai reçus de la part des professeurs.

Il m'arrive fréquemment de reprendre l'apprentissage du Reïki au premier degré avec des personnes qui ont suivi un ou plusieurs stages ailleurs, et en général, ces personnes sont surprises de la densité du stage, et de son contenu. Elles viennent à moi pour compléter ou revoir entièrement leur formation, parce qu'elles ont des problèmes avec leur pratique, ou pour trouver une vision de cette méthode plus en accord avec ce qu'elles recherchent.

Ce que vous allez lire n'est pas un ouvrage sur le reïki. C'est un manuel. Mon but ici est de fournir aux élèves un aide-mémoire et un repère pour leur pratique. Certains points abordés dans ce manuel mériteraient d'être développés et discutés. Il ne s'agit pas d'un ouvrage exhaustif sur le premier degré Reïki, ni même d'un ouvrage de référence, mais d'une aide pour les étudiants. Je l'ai cependant voulu assez complet pour éviter à mes élèves d'avoir à prendre des notes pendant les stages. En effet, leur attention est mieux utilisée à écouter et pratiquer qu'à prendre des notes, qui pourraient se révéler erronées.

Le but du Reïki

Lorsque vous lirez ce manuel, il est très important de garder à l'esprit le but du Reïki, tel que Mikao Usui l'a conçu. Les techniques n'ont aucune valeur si on ne leur donne pas leur sens véritable. Le but du Reïki est d'atteindre l'état de paix totale : anshin ritsumeï. Par la candidature que vous m'avez envoyée pour ce stage, et mon acceptation de votre demande, vous vous êtes engagé dans une voie de travail sur vous-même.

Il est bien évident que l'état de paix totale ne viendra pas uniquement en posant les mains sur vous, énergie ou pas. Cela demande un long travail de remise en question de ce que vous croyez, de guérison des blessures, de prises de conscience : Un changement total de perception. La méthode Usui Reïki Ryoho comporte quelques outils qui pourront vous y aider si vous les pratiquez dans un état d'esprit adéquat, en respectant les règles, et en prenant le temps de travailler sur vous, d'être attentif à ce que vous ressentez. Vous ne devez rien laisser passer si vous voulez vraiment progresser.

J'enseigne le Reïki en France au vingt et unième siècle et je sais combien les élèves qui abordent le Reïki aujourd'hui sont différents des élèves qu'a connus Usui, tout comme je suis différente de lui. Nous ne sommes pas Japonais, nous ne vivons pas au début du vingtième siècle. La discipline qui va de soi au Japon n'est pas toujours le fort de nos compatriotes. Cependant, sans motivation et réel travail sur soi, vous ne progresserez pas. Le Reïki n'est pas magique et il n'existe pas de méthode magique pour se transformer sans effort.

J'espère ne pas vous décourager. Au contraire, retenez qu'**il est possible de se transformer et de changer sa vie, pour celui qui en a le désir profond et qui s'investit dans cette démarche avec sincérité et persévérance**. Ce chemin, même s'il ne mène pas tout le monde à l'état de paix totale, apporte des progrès à toute personne motivée, et comporte son lot de plaisirs et de joyeuses découvertes.

Le Reïki est fait pour vous si votre but est de travailler sur vous pour être plus heureux et si vous êtes prêt à y consacrer du temps.

Votre vécu après le stage

A la suite du stage ce qui préoccupe souvent le plus les élèves, ce sont leurs sensations.

Pendant les stages, nous « brassons » beaucoup d'énergie. Vous recevez des reiju (ce que les occidentaux appellent initiations à tort), vous pratiquez le Reïki, les techniques japonaises, et vous rencontrez de nouvelles personnes, avec de nouvelles énergie. Cela fait beaucoup d'énergie et de travail.

Le stage de premier degré est très dense, en durée (environ une vingtaine d'heures de cours, au cours d'un week end) et en terme de programme. Il est normal d'être fatigué, mais aussi un peu déboussolé, voire « shooté » ou même malade.

Les reïju

Les reiju que vous avez reçus pendant le stage sont des transmissions d'énergie dont l'objectif est de vous aider à évoluer vers la libération personnelle.

Pendant ces transmissions, vous avez peut-être eu diverses sensations, ou au contraire vous n'avez rien senti. Cela n'a pas d'importance, les sensations pendant les reiju sont variées, allant de zéro aux larmes de joie, et parfois (rarement) jusqu'à l'évanouissement. La plupart des élèves ont simplement des sensations d'énergie, de pression, de chaleur ou encore de fraîcheur, principalement dans la tête, relativement subtiles.

Vous ne savez pas quelle énergie vous avez reçue ni quel effet elle aura. Pour certains c'est un changement qui se traduit par des sensations énergétiques qu'ils ne connaissaient pas et qui peuvent les étonner telles que de la chaleur, ou des chatouillis, dans les mains, sur le sommet du crâne. On s'habitue rapidement à ces nouvelles sensations, qui ne durent pas forcément et n'augmentent pas forcément avec le temps. Mais le plus important est le changement intérieur que cela peut apporter. Le Reïki agit toujours à plusieurs niveaux, sur un plan global. Les reiju sont là pour favoriser votre travail sur vous, vous aider à vous libérer. Ce que vous avez reçu dépend de vous. Le reiju est la rencontre de l'intention de celui qui le pratique et de celui qui le reçoit, mais à mon avis, votre intention compte bien plus que la mienne.

Les semaines qui suivent le stage

Pendant les semaines qui suivent le premier stage, et parfois au-delà, vous pouvez ressentir certains désagréments. Ces désagréments peuvent être physiques, mais ce n'est pas une obligation : certains ont des ressentis surtout émotionnels. La pratique du Reïki a pour but de vous aider à aller vers plus d'harmonie, ce qui signigie que des choses doivent bouger. Cela peut se manifester au niveau physique par des symptômes tels que diarrhée, vomissement, maux de tête, eczéma, rhume, etc. (Rien de très grave cependant). En général les gens voient leurs petits « bobos » habituels augmentés. Mais il peut y avoir aussi des remontées émotionnelles, ou des états intérieurs bizarres. Certains se sentent perdus.

Comme le disent les bouddhistes, quand on lave le linge il est logique que l'eau ressorte sale, sinon c'est qu'on n'a pas bien lavé.

Ainsi pas d'inquiétude pour les petits désagréments de l'après stage, s'il y en a, au fond c'est que « cela marche ». Ce type de vécu n'est pas limité aux stages Reïki. Vous pouvez les connaître après les séances de Reïki, mais aussi après n'importe quelle sorte de travail sur vous... par exemple n'importe lequel de mes autres stages «non-Reïki» ou un simple rendez-vous, un massage. Cela montre simplement que des choses bougent en vous et que vous devez vous y adapter, à la fois physiquement et psychologiquement.

Pour pallier à ces petits problèmes la meilleure solution est   de pratiquer le reïki sur soi quotidiennement et de prendre soin de soi . Ce n'est pas le moment pour prendre de grandes décisions. Pratiquez au contraire le « cocooning ».

Quoi qu'il en soit, je reste à votre disposition sur le forum ou en rendez-vous, pour vous conseiller et vous aider, en particulier si ces symptômes étaient forts. Mes élèves sont chaleureusement invités à se rendre sur le forum et à y participer. C'est le meilleur endroit pour échanger sur ce que vous vivez après le stages. Ne vous inquiétez pas pour autant, car comme vous le savez je sélectionne mes élèves et évite autant que possible d'accepter en stage une personne qui ne serait pas prête pour un travail de développement personnel.

Et si rien ne semble se passer extérieurement et que vous allez très bien, tant mieux. Cela n' a rien d'anormal non plus car vous partez de l'endroit où vous en êtes, et c'est un point unique sur la carte de la vie, qui vous correspond. Certaines personnes n'auront pas de désagréments physiques, mais seront perturbées psychologiquement. D'autres penseront que rien ne se passe en elle, mais c'est un peu plus tard que les effets seront visibles. Les élèves ne sont pas toujours capables de sentir ce qui se passe en eux. Souvenez vous également que le changement dépend de vous, de votre pratique, de votre intention et donc de votre motivation.

Histoire résumée du Reïki

Après une période trouble, la véritable histoire du reïki est arrivée petit à petit en occident, pour le plus grand bien de tous.

Je vais résumer les faits qui semblent acquis aujourd'hui, à travers les trois personnes qui nous concernent en occident. Je ne souhaite pas vous ennuyer avec tout cela. Ce n'est pas la partie du stage shoden la plus intéressante, mais il me semble nécessaire de savoir un minimum sur l'histoire du Reïki, ne serait-ce que pour s'y retrouver parmi tous les Reïki(s) aux multiples noms que l'on rencontre en se baladant sur la toile, et qui sont en quelque sorte sortis de nulle part après le décès de Mikao Usui, le créateur de cette méthode.

Mikao Usui

Mikao Usui est le fondateur de la méthode Reïki : le Usui reïki Ryoho. C'est une méthode originale mise au point par lui au début du vingtième siècle, et non quelque chose qui a été redécouvert.

Usui était bouddhiste. Il est né au japon le 15 août 1865. Il a quitté sa famille très jeune et voyagea beaucoup au Japon, en Chine et en Europe et étudia toutes sortes de domaines. Il eut de nombreux métiers : fonctionnaire, salarié, journaliste, secrétaire d'un homme politique, aumônier de prison, etc. Dans tous ses apprentissages, il recherchait à comprendre quel était le but de la vie. Il arriva à la conclusion que l'objectif ultime   était d'atteindre l'état de paix total, anshin ritsumei.

En 1914, il connut un revers de fortune et devint moine bouddhiste.   C'est quelque chose d'assez courant chez les bouddhistes de prendre les voeux de moine (ou de nonne) quand l'occasion se présente et que l'on estime avoir la possibilité de se consacrer entièrement à la pratique religieuse.

Usui se consacra à la prière et à la méditation. Il passa trois ans dans un temple zen à méditer mais ne trouva pas l'illumination. Son maître zen lui dit d' «essayer de mourir une fois », alors Usui se dit qu'il allait mourir, et il partit sur le mont Kurama. Cet endroit au Japon est un lieu de pèlerinage depuis très longtemps. De nombreux temples y sont construits. Certains sont en photo sur mon site (http://www.lereïkiguide.com)

En 1922 il fit une retraite de 21 jours sur le mont Kurama où il médita et jeûna. Vers la fin de cette retraite, le 22 mars, il reçut un satori (ce terme employé dans le bouddhisme Zen signifie «compréhension» et désigne une expérience d'éveil spirituel). Il ressentit un choc au milieu de son crâne et perdit connaissance. Quand il s'éveilla, il ressentit une grande joie. Son esprit, pour la première fois, avait été en résonance parfaite avec l'esprit de l'univers. C'est à la suite de cette expérience spirituelle que Mikao usui commença à enseigner le Usui Reïki ryoho.

Mikao Usui ouvrit un centre de Reïki à Tokyo et créa la « Usui Reïki Ryoho Gakkaï » en avril 1922. Il enseigna le Reïki en 6 niveaux dont les 4 premiers constituaient le degré shoden (niveau de départ), puis un cinquième degré appelé Okuden (enseignement intérieur) en deux parties (okuden zenki et okuden koki), et enfin le dernier degré, correspondant à notre troisième degré, shinpiden (enseignement mystérieux) pouvait être divisé en deux ou trois étapes (praticien, shihan kaku (assistant instructeur), et shihan (instructeur)).

Des années pouvaient se passer entre les degrés. Maîtriser Byosen et reiji-ho étaient les conditions pour recevoir la formation okuen zenki. Dans cet esprit, un très petit nombre d'élèves, dont l'évolution spirituelle est remarquable, reçoivent le niveau shinpiden. Ces élèves peuvent alors enseigner et donner des soins sans la supervision d'un enseignant. Les élèves qui sont dans les niveaux shoden (premier degré) et okuden (second degré) n'ont pas le droit de pratiquer le Reïki sur les autres, hormis en présence de l'enseignant, donc en ateliers, réunions, dans le centre de Usui.

Lors du tremblement de terre qui eut lieu en 1923, Usui et ses étudiants travaillèrent jour et nuit pour aider les gens. En 1925 il créa un autre centre de soins à Nakano et commença à voyager au Japon pour répandre sa méthode Usui Reïki ryoho.

Mikao Usui souhaitait que le reïki soit ouvert à tous, et non transmis au bénéfice de sa famille, comme le voulait la tradition japonaise. Mais il ne faisait pas de publicité, et les membres Reïki en général parlaient peu de leur pratique. Usui était opposé à toute promotion du Reïki autrement que par le bouche à oreille et pour ceux qui étaient prêts et aptes à le comprendre complètement et à l'utiliser à bon escient : «ce qui est authentique n'a pas besoin d'être vulgarisé bruyamment». Le Reïki n'était pas reconnu par l'état et seuls les médecins avaient le droit de donner des soins.

La pratique du Reïki en tant que soin était une pratique familiale et bénévole.

Usui donnait à ses étudiants un manuel (Reïki Ryoho Hikkeï), que vous trouverez en annexe de ce manuel. C'est un manuel très court et qui ne donne aucune explication sur le Reïki. Il enseignait aussi bien à des femmes qu'à des hommes et à des personnes de toutes les religions. Etant moine, il n'existait pas de tarif pour rétribuer son enseignement et ses services.

Usui Senseï (terme qui désigne un professeur) est mort le 9 mars 1926 d'une attaque cérébrale, pendant un cours de Reïki . Il a été enterré au cimetière bouddhiste de Sahoji à Tokyo. En 1927 ses élèves ont érigé une stèle à sa mémoire. Un texte écrit en idéogrammes anciens y relate son histoire : vous le trouverez traduit en fin de ce manuel.

Mikao Usui a enseigné le reïki à environ 2000 personnes.Vingt-et-un de ses élèves étaient dans le niveau shinpiden au moment de son décès. Chujiro Hayashi en faisait partie. Ce fut sans doute le dernier élève à recevoir le niveau instructeur par Usui senseï. Une dizaine seulement des noms de ses élèves sont encore connus de façon certaine. Beaucoup de documents ont été détruits pendant la seconde guerre mondiale.

Après la mort de Usui, la Reïki Ryoho Gakkaï a poursuivi jusqu'à nos jours. A l'époque de la grande prospérité, il y eut jusqu'à 70 bureaux de la Usui Reïki Ryoho gakkaï au Japon. Cependant après la guerre, le nombre des membres diminua d'un coup et beaucoup de bureaux furent fermés. La gakkaï devint très discrète et très peu de gens la connaissaient et en faisaient partie. Le Reïki n'est utilisé par ses membres que pour la pratique familiale.

Les présidents de la gakkaï sont élus à vie parmi les membres ayant atteint le niveau shinpiden. Beaucoup de ces présidents faisaient partie de la marine Japonaise et la marine japonaise fut l'un des principaux vecteurs de diffusion du Reïki jusqu'à la seconde guerre mondiale.

Liste des présidents de la Reïki Ryoho Gakkaï :

•Mikao Usui   1922 - 1926

•Juzaburo Ushida (vice amiral)1926 – 1935

•Kan'ichi Taketomi (vice amiral)   1 9 3 5   – 1960

•YoshiharuWatanabe   philosophe) ?   1960 ?

•Hoichi Wanami (vice amiral)1960 – 1975

•Mme Kimiko Koyama(femme de professeur de l'université) 1975 – 1999

•Masatyshi Kondo (professeur de littérature) 1999 - aujourd'hui

La Usui Reïki Ryoho Gakkaï est aujourd'hui le lieu où est connu l'enseignement originel de Usui. C'est une association très fermée, une sorte d'ordre mystique, dans lequel on ne peut entrer qu'en connaissant quelqu'un.

Chujiro Hayashi

Chujiro Hayashi est né le 15 septembre 1880, à Tokyo. Il était médecin et militaire, capitaine de vaisseau dans la marine japonaise et a servi pendant la guerre russo nippone entre 1902 et 1906. Il fut directeur de la station de défense du port d'Ominato à partir de 1918. Il fut le père de deux enfants. Sa femme s'appelait Chie et enseigna le Reïki également.

Il a reçu le degré d'enseignant d'Usui lui-même et était un enseignant respecté mais n'a jamais été président de la Usui Reïki Ryoho Gakkaï. Cependant il fut l'enseignant Reïki qui fit le plus pour le développement du Reïki au Japon et dans le monde (en s'associant avec Hawayo Takata). Hayashi quitta la Usui Reïki ryoho gakkaï et créa son propre centre de reïki après la mort de Usui en fondant le Hayashi Kenkyu-kai. Cependant il continua à transmettre l'enseignement sous le nom de Usui Reïki Ryoho. Sans cela le terme ne serait pas arrivé à nous.

Il créa quelques techniques qui lui étaient propres, mais son enseignement fut très respectueux de celui de Usui. Les niveaux shoden, okuden et shinpiden qu'il enseignait étaient conformes à ceux de la Usui Reïki ryoho Gakkaï. Hayashi enseignait le niveau shoden par un séminaire de 5 jours dont le prix était de 50 yens (ce qui revient à 4700 euros aujourd'hui). Il se déplaça dans tout le Japon pour des groupes qui devaient comporter plus de 10 personnes. Des gens de toutes les professions avec un revenu suffisant se faisaient initier : comédiens, écrivains, hommes d'affaire, journalistes etc...

Les séances de Reïki étaient données soit sur des futons japonais, soit sur des sortes de lits de camp de 40 cm de hauteur (vous pouvez choisir cette formule) afin de pratiquer confortablement en position assise. Il introduisit les séances de Reïki avec le receveur en position allongée et le soin donné par plusieurs praticiens en même temps (en général, 2). Il fallait en moyenne de 3 mois à un an pour intégrer le niveau shoden : en cela c'était un peu plus rapide que ce qui se passait du temps de Usui. Chujiro Hayashi forma 13 élèves au niveau shinpiden, dont sa femme, Chie Hayashi, et Mme Takata. Il s'associa avec celle-ci pour exporter le Reïki à Hawaï. Il autorisa aussi ses élèves de niveau shihan kaku à ouvrir des branches Reïki dans plusieurs villes du Japon. Hayashi écrivit son propre manuel, qui était très proche de celui de Usui.

Chujiro Hayashi se donna la mort le 11 mai 1940 en présence de sa femme et de quelques-uns de ses élèves, pour ne pas aller à la guerre ou finir en prison en tant qu'espion (il était soupçonné d'espionnage à cause de ses déplacements à Hawaï). On dit qu'il arrêta ses fonctions vitales par sa volonté.

Mme Chie Hayashi poursuivit l'oeuvre de son mari et enseigna longtemps le Reïki. Cependant, elle ne trouva pas de successeur, leurs deux enfants ne voulant pas le faire. Ceci causa la disparition de l'école de Hayashi (Hayashi Kenkyu-kai) au Japon bien après la seconde guerre mondiale.

Hawayo Takata

Hawayo Takata est la personne par qui le reïki est arrivé en occident. Elle est née le 24 décembre 1900. C'était une émigrée japonaise à Hawaï. Elle a travaillé dur au début de sa vie dans les plantations de canne à sucre et a eu deux enfants. Son mari est décédé très jeune et elle a du les élever seule. Elle tomba gravement malade. A l'occasion d'une visite chez ses parents au Japon elle consulta au centre de reïki du DR Hayashi. Elle fut complètement guérie en quelques mois et voulut apprendre le reïki.

Il est dit que Hayashi reconnut en elle de nombreuses qualités. Elle fut initiée shoden par Hayashi en 1936. Puis il vint à Hawaï pour enseigner le reïki et donner des conférences. Takata reçut le degré shinpiden le 21 février 1938 par Hayashi. Elle ouvrit deux cliniques à Hawaï, soigna, et devint très connue. Elle développa sa propre méthode Reïki, qui différait beaucoup du Reïki de Hayashi et ne comportait pas les techniques de Usui. En 1952, lors d'un voyage au Japon pour une commémoration en l'honneur de Hayashi, Chie Hayashi lui proposa de prendre en charge le Hayashi Kenkyu-kai mais elle refusa, car elle avait déjà développé sa méthode différente et popularisé le Reïki à Hawaï.

Takata enseigna le Reïki. Elle prétendit être le seul maître de Reïki au monde. Elle prétendit qu'il n'y avait plus d'enseignants reïki au Japon. D'une façon générale dans le monde, la Usui Reïki Ryoho gakkaï et l'existence des enseignants formés par Usui resta inconnue jusque dans les années 90.

Mme Takata racontait que Usui était chrétien. Il fut sans doute très difficile pour elle de pratiquer une technique d'origine japonaise aux USA, après la seconde guerre mondiale, ce qui peut expliquer ses mensonges. L'histoire du reïki nous est parvenue pendant longtemps sous la forme de la légende transmise par Takata. Elle institua certaines habitudes qui limitèrent l'expansion du reïki, tel que le fait de ne pas donner de manuel, de ne pas permettre aux élèves de prendre des notes, et le secret sur les symboles. Elle décéda le 11 décembre 1980. En tout et en 40 ans elle forma 22 « maîtres » de reïki. Elle leur fit promettre de pratiquer et d'enseigner le reïki exactement comme elle. Le terme «maître» remplaça de façon bien malheureuse le terme «professeur» qui était utilisé au Japon (senseï).

La liste de ces enseignants de la méthode Takata est la suivante

George Araki, Dorothy Baba, Ursula Baylow, Rick Bockner, Barbara Brown,Fran Brown, Patricia Ewing, Phylis Lei Furumoto (sa petite fille), Beth Gray, John

Gray,Iris Ishikura, Harry Kuboi, Ethel Lombardi, Barbara McCullough,Mary McFadyen, Paul Mitchell,Bethel Phaigh, Barbara Weber Ray, Shinobu Saito (sa soeur), Virginia Samdahl, Wanja Twan.

Après la mort de Mme Takata, certains des enseignants élèves de celle-ci décidèrent de suivre leur intuition et enseignèrent à leur façon. La première fut Iris Ishikura, qui fixa un prix plus faible pour le degré de maîtrise (10000 dollars du temps de Takata), et enseigna parfois gratuitement. A partir de là, le reïki à l'occidentale se répandit rapidement.

Deux associations furent créées : L'alliance Reïki, dont la présidente fut Phyllis Furumoto et le Reïki radiance, connu sous le nom « the radience technique », dirigé par Barbara Weber Ray, et qui fut enseigné au Japon.

Après la mort de Takata , le Reïki se mêla au mouvement new age, subit de nombreuses distorsions, ajouts, et pertes, et de nouvelles écoles apparurent en occident, de plus en plus éloignées de l'enseignement originel de Usui, la plupart à la suite d'expériences de channeling et avec de nombreux nouveaux symboles. On trouve ces écoles sous marques déposées (TM). Par opposition à ces écoles, on a appelé Reïki traditionnel en occident le Reïki de Takata, bien qu'il soit assez éloigné du Reïki traditionnel de Usui.

Comparatif Reïki traditionnel / Reïki occidental.

Les simplifications apportées par madame Takata au Reïki, et la façon dont il s'est répandu après sa mort, l'ont beaucoup éloigné de la méthode mise au point par Mikao Usui. Des différences fondamentales apparaissent entre l'image que les occidentaux ont du Reïki et le Reïki traditionnel. Il n'existe aucune uniformité dans l'enseignement et la pratique du Reïki en France. Les différences les plus courantes entre Reïki traditionnel et les Reïki(s) occidentalisés sont les suivantes à mon avis :

• Le reiki occidental est largement présenté comme un soin, alors que la méthode de Usui est une méthode spirituelle, avec un but spirituel : atteindre la paix. Cela demande un très gros travail, une attention donnée à tout ce qui se passe en soi, et l'utilisation des outils du reiki dans ce but. Poser les mains n'est qu'une petite partie du Reiki.

• Le reiki occidental est largement présenté comme de la magie, alors que le Reïki traditionnel est une méthode sérieuse reposant sur la discipline et le travail sur soi, en particulier au troisième niveau, qui constitue un long travail personnel vers l'éveil.

• Les reïju du Reïki traditionnel ne donnent aucun pouvoir. Faire croire qu'il suffit de recevoir de l'énergie pour avoir un niveau en Reïki est pour moi un mensonge qui n'est cru que parce qu'il est justement énorme. Votre niveau ne dépend que du travail sur vous.

• Les symboles donnés par Usui n'ont aucun pouvoir dans la méthode traditionnelle : ce sont des symboles qui représentent des concepts, et sont des aides pour des débutants. Ils ne sont pas la clé du Reïki et ne sont pas nécessaires à sa pratique. Il en va de même pour les kotodamas qui les accompagnent. Il est totalement sans intérêt d'avoir plus de symboles que ceux donnés par Usui, ou de nouveaux symboles.

• Dans le Reïki traditionnel, il n'existe pas de séance standard, de durée pour une séance ou une position de mains et chaque séance est unique. Le praticien doit trouver lui-même où placer les mains, en utilisant les techniques de Byosen et Reïji-ho. Ces techniques doivent être enseignées dès le premier stage. Les sensations et l'intuition sont primordiales dans le Reïki traditionnel, contrairement à ce qui est couramment enseigné en occident. Malgré l'absence de séance standard, tous mes élèves parviennent à pratiquer le Reïki dès le premier stage et connaissent des sensations. L'importance accordée aux sensations, à la présence, et à l'intuition, dès le départ, permet une approche du Reïki profonde, qui ouvre de nombreux horizons. Il n'est pas question de réciter sa liste de courses pendant que l'on pratique, comme j'ai pu l'entendre dans le cadre du Reïki occidentalisé.

• Les étudiants de niveau 1 et 2 ne doivent pas pratiquer sur les autres en dehors de la présence d'un enseignant. La pratique sur les autres est un entrainement important mais elle a lieu en stage, pendant les réunions ou ateliers. Du temps de Usui, ses étudiants pratiquaient bénévolement auprès de lui. Aucun n'était encouragé à se prendre pour un guérisseur ou à vouloir sauver le monde.

• Il n'existe pas d'énergie Reïki unique et spécifique qui serait transmise par tous les praticiens Reïki : chacun transmet ce qu'il peut transmettre et rien d'autre.

• Le Reïki est présenté comme une pratique de bien être dans nos contrées, alors que le Reïki n'est pas toujours agréable, ni relaxant, en réalité.

• Contrairement à ce qui est souvent raconté, l'énergie que l'on transmet en Reïki n'est pas intelligente, c'est juste de l'énergie.

/ Manuel de Reïki premier degré traditionnel par Valérie Tardy / 34

Pratique du niveau SHODEN

Les préceptes du Reïki (gokaï sansho)

Il existe cinq préceptes que l'on appelle souvent les préceptes du Reïki et qui semblent être le fondement de la méthode Usui Reïki Ryoho. En réalité ces préceptes viennent de l'empereur Meiji (empereur du Japon qui régna jusqu'en 1912), et Mikao Usui les avait adoptés.

On trouve de nombreuses traductions de ces préceptes, mais aussi de nombreuses versions. Je suis souvent amenée à enseigner à des personnes qui ont déjà «fait du reïki» ailleurs et à constater que chaque enseignant donne des préceptes qui lui sont personnels. Parfois, le manuel des élèves - quand ils ont la chance d'en avoir un -en compte une vingtaine.

Je m'en tiendrai ici aux cinq préceptes que l'on trouve sur la stèle érigée en l'honneur de Mikao Usui, gravés dans la pierre. Ces préceptes ont donc été rédigés en japonais ancien, en idéogrammes. Ils ont été traduits en japonais moderne, puis en anglais, puis en français. Ces textes nous sont parvenus en premier lieu par Frank Arjava Petter.

Kyo dake wa (juste pour aujourd'hui)

Okolu-na (ne te mets pas en colère)

Shinpai suna (ne te fais pas de souci)

Kansha shite (sois plein de gratitude)

Goo hage me (travaille dur)

Hito ni shinsetsu ni (sois bon envers les autres)

Le texte en entier tel qu'il nous est parvenu :

Shoufuku no hihoo

Manbyo no ley-yaku

Kyo dake wa

Okolu-na

Shinpai suna

Kansha shite

Goo hage me

Hito ni shinsetsu ni

Asa yuu gassho shite kokoro ni neji kuchi ni tonaeyo

Shin shin kaizen, Usui Reiki Ryoho

Chosso Usui Mikao

Traduction :

Enseignements d'Usui Reïki Ryoho pour le perfectionnement

Secrets pour inviter le bonheur

Médecine spirituelle pour tous les troubles

Juste pour aujourd'hui, ne sois pas en colère

Ne sois pas impatient, sois reconnaissant

Sois assidu et bon envers les autres

Fais gassho chaque matin et soir

Garde tout cela à l'esprit

Et récite le

Mikao Usui fondateur

Ces préceptes ont une place importante dans la pratique traditionnelle du Reïki. Ils étaient récités chaque jour par les élèves de Usui dans le cadre d'un enchainement d'exercices comprenant la méditation assise, et ce que nous appelons les «techniques japonaises de Reïki». Ils font partie des éléments qui nous montrent que la méthode Reïki de Usui a un but spirituel et représente un long travail de perfectionnement.

Pour utiliser ces préceptes à bon escient, il est nécessaire de passer un certain temps à les étudier et à réfléchir à leur sens. Cela fait longtemps que j'accompagne des personnes sur leur chemin de développement personnel, et il me semble essentiel de faire attention à l'usage que vous faites de ce genre d'idéaux.

Tout d'abord, oui ce sont des idéaux. Cela signifie que très peu de personnes peuvent les incarner réellement. Il est tout à fait normal que vous ne parveniez pas à les respecter. Ces phrases représente des guides, un objectif vers lequel tendre, et ne doivent pas être utilisées contre vous. Il y a deux façons très mauvaises d'utiliser ces préceptes :

1. Croire qu'il suffit de se comporter de cette manière pour changer. Ainsi nombre de personnes essaient de modifier leur comportement par la volonté, au lieu de s'occuper d'éliminer les causes des comportements qui les dérangent. C'est très mauvais, car ce n'est pas en singeant les sages qu'on devient sage. Cela ne fonctionne pas. Si vous avez de la colère en vous, tant que vous ne transformerez pas cette colère, n'en éliminerez pas la source, la réfréner risque de provoquer des conséquences bien plus ennuyeuses que la colère elle-même. Il est probable que vos problématiques ressortent de toute façon, parfois violemment et sans crier gare. Dans tous les cas, cela ne représente aucun changement intérieur réel. Un vrai travail de développement personnel efface la cause des émotions et comportements inappropriés : il ne s'agit pas juste de changer son comportement, mais bien de changer son fonctionnement et d'effacer les programmations qui le dirigent. (Ce sujet est longuement développé et mis en pratique dans mes autres stages).

2. Utiliser ces phrases pour vous juger et augmenter la dose de culpabilité que vous portez déjà. Le jugement est un fléau qui est à la source de vos maux. Profondément, vous croyez ne pas être assez bien. En travaillant sur vous avec moi vous découvrirez comment cela est le point de départ

de bien de vos comportements. La culpabilité n'a pas sa place dans un travail de développement personnel ou dans la spiritualité. Ce travail consiste à reconnaître votre véritable nature et non à vous punir pour votre souffrance. Tout cela ne peut être développé dans ce manuel, mais le sera au fil des stages avec moi. Quoi qu'il en soit, si ces préceptes vous amènent à vous sentir coupable ou «nul», ou «pas assez bien», vous feriez mieux de les oublier.

Juste pour aujourd'hui

Rappeler vous de faire de votre mieux chaque jour, mais de ne pas essayer de faire plus que votre mieux. Acceptez vos limites. Soyez dans l'instant présent ici et maintenant, et projetez le moins possible sur un éventuel futur.

Ne te mets pas en colère

Essayez de repérer quand vous vous mettez en colère, et les raisons pour lesquelles vous êtes en colère, pour pouvoir travailler dessus. La colère est la manifestaion de peurs, de tentatives de récupérer un pouvoir que l'on a l'impression de perdre. Elle n'arrive jamais sans raison ; et il en va de même pour toutes vos émotions. Prenez l'habitude d'être attentif à la colère qui monte et aux autres émotions, et explorez les le plus profondément possible (cf stage sur les émotions).

Ne te fais pas de souci

Se faire du souci ne sert absolument à rien. Gardez cela à l'esprit et essayez de travailler sur les causes de votre tendance à vous inquiéter. Le souci est constitué de peurs qu'il vous faudra démasquer et guérir, et d'une projection continuelle dans le futur. Développez la confiance dans la Vie et la capacité à rester dans l'instant présent. La pratique de la méditation vous y aidera (cf chapitre consacré à ce sujet).

Sois reconnaissant

De mon point de vue, la reconnaissance ici ne s'adresse pas à une ou des personnes. Il s'agit plutôt d'une forme de réjouissance très bouddhiste qui consiste à reconnaître et à remercier pour tout ce qui est bon dans votre vie, voire dans le monde. En résumé, essayez de toujours voir le positif et de remercier pour tout ce que vous avez. Cette recommandation peut paraître simpliste mais elle peut changer votre vie.

Travaille dur

Soyez assidu et conservez vos objectifs de libération personnelle intacts chaque jour, et tout au long de votre parcours. Ce précepte vous rappelle que tout repose sur le travail sur vous. Progresser nécessite d'être centré sur soi, attentif à tout ce qui se passe en soi, motivé et prêt à regarder sincèrement en soi, les sources de ses émotions et comportements. Sans cela, votre démarche est vaine et creuse.

Sois bon envers les autres

Essayez de regarder l'autre et vous même avec bienveillance, comprenez que chacun fait ce qu'il peut, est et restera toujours de la même nature humaine que vous, quels que soient ses actes. C'est un précepte très difficile, il a une très grande portée spirituelle. Sa mise en pratique n'est pas possible sans un enseignement sur la compassion (cf le chapitre consacré à ce sujet) et de la pratique.

Ces préceptes montrent bien que le Reïki est né et a été enseigné dans un contexte de développement spirituel. Il s'agissait d'atteindre la sérénité dont l'état de santé physique découle naturellement. Les préceptes peuvent être utilisés comme affirmations dans le cadre du traitement des habitudes sei he ki chiryo.

Cependant, mon expérience me montre que ces préceptes, dont plusieurs ont des formulations négatives, relèvent d'un esprit très nippon, et ne sont pas toujours les plus adaptés au bien être des occidentaux que nous sommes.

J'ai donc écrit une formulation positive de ces préceptes, que vous êtes libre d'utiliser ou non.

Je vous les propose maintenant :

Juste pour maintenant

Je reste calme

J'ai confiance en moi et dans la Vie

Je fais ce qui est bon pour moi

Je suis positif, je me réjouis de ce que j'ai

Je reconnais ma bonté fondamentale et celle des autres

Je ne suis pas trop pressé de découvrir comment j'irai mieux demain

La dernière phrase est une phrase que j'ai ajoutée et dont la forme négative est voulue pour une certaine autosuggestion.

Ces phrases pourront facilement être répétées. Pour savoir quelles phrases vous conviennent le mieux, regardez, écoutez en vous , quel effet elles vous font .

Si les phrases que je propose ne vous conviennent pas tout à fait, vous pouvez les modifier à votre guise. Souvenez-vous cependant que je ne les ai pas choisies au hasard et qu'elles sont le fruit de mon expérience de développement personnel et d'enseignement. Chaque phrase a le même objectif que la phrase correspondant dans les préceptes de l'empereur Meiji. Chaque phrase est choisie pour générer l'état intérieur qui est recherché.

Au reiki 2 (okuden zenki), elles constitueront de bonnes affirmations à utiliser dans le cadre de soins mentaux.

Gyoseï

Le manuel de Usui Senseï comporte 125 poèmes de l'empereur Meiji. Ces poèmes sont écrits sous la forme waka (cela se réfère à un nombre précis de syllabes par ligne, différent suivant les lignes). On les appelle Gyoseï. Il était d'usage d'en lire un ou deux à haute voix au début ou à la fin des ateliers de travail de Mikao Usui.

Il s'agit de poésie spirituelle. Leur traduction a été publiée. Pour ma part, je ne les utilise pas, car je ne les trouve pas adaptés aux personnes que nous sommes et au contexte. De plus des poèmes écrits en japonais ancien, traduits en japonais moderne, puis en anglais, puis en français, perdent beaucoup de leurs qualités et de leur charme.

Techniques japonaises de Reïki

En même temps que les manuels de Usui et Hayashi sont parvenues jusqu'à nous en occident depuis l'an 2000 environ, des techniques dites japonaises, souvent appelées «TJR» (techniques japonaises de Reïki), qui sont en fait tout simplement les techniques Reïki que Usui utilisait et enseignait. Ces techniques ne doivent pas être enseignées à part, comme un ajout au programme de Reïki. Elles sont la base de l'enseignement et de la pratique. Elles se répartissent dans les trois premiers niveaux de Reïki (shoden, okuden zenki et okuden koki).

Certaines de ces techniques sont pratiquées en enchainements, d'autres pendant l'imposition des mains. Quelques unes parmi les plus importantes font partie de la formation de premier degré. Gassho est une technique de méditation, Kenyoku, Reïki syana-ho et Joshin kokyuu-ho sont à pratiquer en enchainement. Joshin kokyuu-ho est sans doute la plus importante de toutes les TJR au premier degré, et est aussi utilisée pendant l'imposition des mains (sur soi au quotidien, et sur les autres en stage).

Dans cette partie du manuel, je décris rapidement les TJR que nous avons pratiquées en stage.

Méditation gassho

(prononcer gachau)

La méditation gassho est traditionnellement pratiquée matin et soir, pendant les reiju, et avant chaque séance de reïki. C'est une technique de méditation simple.

La méditation fait partie du Reïki, mais vous n'êtes pas obligés de pratiquer cette technique de méditation en particulier, et je vous incite à conserver toute pratique méditative qui vous convient bien. Vous trouverez les autres techniques de méditation pratiquées pendant le stage au chapitre consacré à la méditation.

Il existe de très nombreuses techniques de méditation et l'important est d'en trouver au moins une qui vous convient pour débuter. Vous pouvez essayer la méditation gassho : Cette technique est très simple.

Asseyez-vous le dos droit sur un coussin de méditation ou sur les genoux (position traditionnelle).

Placez vos mains jointes en prière devant vous, à la hauteur de votre cœur ou un peu plus haut. Quand vous expirez par le nez, le souffle doit toucher le bout de vos doigts.

Fermez les yeux.

Placez votre attention sur le point de contact entre vos deux majeurs.

Ce point de contact, qui doit être le plus petit possible (le bout des doigts et non toute la surface des doigts), constitue l'objet dans cette technique de méditation.

La position des mains en prière est un geste d'humilité et favorise l'ouverture du coeur. Si au bout d'un moment vous êtes fatigués de tenir vos mains ainsi, vous pouvez les descendre sur vos jambes, tout en les gardant jointes.

Pour de plus amples explications sur la méditation et le calme mental référez vous au chapitre de ce manuel consacré à la méditation, à mon livre sur le sujet, ou au stage «calme mental».Une rubrique est également dédiée à ce sujet sur le forum.

Kenyoku - ho

(prononcer quèniocou)

On traduit kenyoku par « nettoyage à sec ».

Kenyoku est une pratique revigorante, énergisante. C'est une forme de nettoyage énergétique qui provient des arts martiaux.

On pratique généralement debout, jambes légèrement écartées, à largeur d'épaules. Mais cela peut aussi être pratiqué assis. **Kenyoku se déroule sur le temps d'une expiration.**

Inspirer profondément. Placer la main droite sur l'épaule gauche.

Puis **en expirant :**

a)descendez rapidement et énergiquement, comme pour vous épousseter, la main en diagonale jusque sur la hanche droite (1) ; placez la main gauche sur l'épaule droite et descendez en diagonale jusqu'à la hanche gauche (2) ; placez la main droite sur l'épaule gauche et descendez à nouveau jusqu'à la hanche droite (3).

b)placez la main droite (encore, faites attention) sur l'épaule gauche et descendez-la le long de votre bras gauche jusqu'au bout des doigts et au-delà (1) ; placez la main gauche sur l'épaule droite et descendez-la le long du bras droit jusqu'au bout des doigts et plus loin (2); placez la main droite (encore) sur l'épaule gauche et descendez-la le long de votre bras gauche jusqu'au bout des doigts et au-delà (3). Fin de l'expiration.

Prenez une inspiration puis recommencez tout.

Cet exercice doit être répété plusieurs fois de suite (de nombreuses fois). Il est conseillé d'alterner le frottement sur l'extérieur des bras et sur l'intérieur des bras. Les mouvements dérivent des arts martiaux et doivent être exécutés de façon dynamique, énergique. Un moment de gassho peut être pratiqué ensuite.

Il est bon de pratiquer kenyoku avant une séance de reïki. Vous pouvez le pratiquer à tout moment, seul ou enchainement avec d'autres TJR. Cet exercice fait partie de l'enchainement hatsurei-ho pratiqué dans les réunions Reïki de Usui et enseigné au second degré.

Reïki syana-ho

Méthode pour se sentir connecté et se purifier. Cette TJR peut être pratiquée assis ou debout.

1. Mettez vos mains en Gassho. Focalisez votre attention sur votre tanden et respirez calmement.

2. En écartant les mains, levez les bras vers le ciel (en V). Essayez de bien sentir l'énergie autour de vous. (chaleur, vibration ou consistance, les sensations sont personnelles). Imaginez l'énergie qui descend sur vous sous la forme d'une douche de lumière ou de vibration. Sentez l'énergie emplir tout votre corps.

3. Baissez les bras devant votre corps avec les paumes face à votre visage. Essayez de sentir l'énergie qui émane de vos mains tout en continuant à sentir l'énergie partout autour de vous et qui arrive toujours sur vous. Imaginez que cette énergie fait comme une douche qui passe en vous, et qui entraine vos saletés vers la terre.

4.Quand vous êtes bien propre (ce jugement est très subjectif, et souvenez vous que vous referez cet exercice souvent), revenez en gassho.

Joshin-Kokyuu-Ho

(prononcer jochine coquiou ho)

La traduction de ces termes est « technique respiratoire pour nettoyer l'esprit » ou «nettoyage de l'esprit par la respiration».

C'est une technique essentielle au niveau shoden et pour la suite. Elle permet de renforcer notre système énergétique, de rassembler de l'énergie dans notre tanden, de développer les sensations de l'énergie et de rester attentif pendant toute la séance de Reïki. Elle aide ainsi à surmonter les principales difficutés des débutants. Il est conseillé de la pratiquer régulièrement, seule ou en enchainement avec d'autres TJR, et pendant l'imposition des mains. C'est une technique qui devient rapidement très naturelles et peut être pratiquée à maintes occasions, par exemple dans le train, ou en marchant.

Joshin kokyuu-ho utilise la respiration comme support pour l'énergie, de façon consciente. La respiration est liée à l'esprit, elle est un pont entre le corps et la conscience. Lorsque notre esprit est calme, notre respiration également, et vice-versa. Lorsque nous respirons nous n'aspirons pas seulement de l'air mais aussi de l'énergie (prana, chi, ki, selon les pays).

Cette technique peut être réalisée assis ou debout, voire couché. Traditionnellement, elle se pratique assis, mais il est plus facile de sentir son tanden debout.

<u>Rappel sur le tanden</u> : dans le système énergétique sino-japonais, c'est le centre le plus important. Le tanden se situe dans le ventre, sous le nombril à une distance variable selon les personnes (de 2 doigts à une bonne main) : il correspond au centre de gravité. Il n'est pas nécessaire de connaître son emplacement précis pour pratiquer Joshin kokyuu-ho ou le Reïki.

Déroulement de joshin kokyuu-ho :

1. Tenez vous le dos droit. Respirez calmement et de façon normale, sans forcer.

2. A l'inspiration, placez le bout de la langue contre le palais, derrière les incisives supérieures.

3. Lorsque vous inspirez par le nez, imaginez que vous inspirez de l'énergie par le sommet de votre tête. (Il n'est pas obligatoire de visualiser)

4. En inspirant, faites «descendre» l'énergie jusque dans votre tanden

5. Retenez votre respiration pendant un instant très court en imaginant que l'énergie qui «emplit» votre tanden se répand dans tout votre corps. Cela va très très vite, à la vitesse de la lumière.

6. Ramenez la langue à sa place habituelle, expirez, et en même temps imaginez que l'énergie sort par les

paumes vos mains, vos pieds, ainsi que les bouts de vos doigts et de vos orteils.

7. Recommencez (plusieurs fois, cela peut durer jusqu'à 15 minutes)

<u>Note</u> : Pour un débutant on peut se concentrer sur les paumes des mains uniquement pour «faire sortir l'énergie».

C'est ainsi que vous faite circuler l'énergie en une sorte de circuit au rythme de votre respiration. La respiration doit rester naturelle, par le nez, et ne doit jamais être forcée. Si vous exagérez la respiration ou en augmentez le rythme, vous risquez un malaise. La respiration doit rester légère, calme et la plus naturelle possible. Quand je pratique cet exercice, cela ne se voit pas ni ne s'entend. Si vous pratiquez ainsi en gardant la respiration naturelle, il n'y a aucun risque. Pendant l'exercice, concentrez vous sur le trajet de l'énergie, et non sur la respiration, qui n'est qu'un support.

<u>Variantes</u> :

•Imaginez que l'énergie se répand dans tout votre corps et sort par tous les pores de votre peau. Sentez qu'il n'y a pas de différence entre l'"intérieur et l'extérieur.

•Choisissez n'importe quel endroit de votre corps pour faire entrer et sortir l'énergie.

Cet exercice fait partie de l'enchainement de TJR nommé hastsurei-ho, qui est pratiqué pendant les réunions Reïki et enseigné au second degré. C'est l'une des pratiques de base dans la méthode de Usui.

Byosen reikan-ho

(prononcer biossène reillecane ho)

On appelle souvent cette technique le scanner.

C'est l'une des deux méthodes traditionnelles pour trouver où mettre les mains pendant une séance de Reïki. Ces techniques sont utilisées aussi bien sur soi, que, plus tard, sur les autres. L'entrainement a lieu sur les autres étudiants pendant les stages et les réunions.

Il s'agit en quelque sorte de « scanner » le corps du receveur pour détecter les endroits nécessitant un traitement, ou tout simplement les meilleurs endroits où placer les mains.

<u>Un peu de vocabulaire</u> :

1. Le mot byosen se traduit par «ligne malade». C'est «la trace énergétique de la maladie ou du problème ». Sur le plan énergétique, il y a une différence entre un endroit sain et un endroit malade ou présentant un problème. C'est ce que nous

détectons avec cette pratique en utilisant nos mains.

2.Le mot hibiki correspond aux sensations ressenties lorsque l'on trouve un byosen avec la main. Ces sensations vous sont personnelles, individuelles.

Note importante : un byosen ne correspond pas toujours à une maladie physique mais peut être le signe d'un blocage émotionnel ou autre problème non physique. Quoi qu'il en soit , le praticien Reïki ne doit en aucun cas chercher à savoir à quoi correspond ce qu'il trouve. Pas d'interprétation, et encore moins de diagnostic. La seule raison de pratiquer byosen est d'essayer de réaliser la meilleure séance Reïki possible pour cette personne, ce jour-ci et à cet instant. Il s'agit simplement de trouver où poser ses mains, puisque cela peut être n'importe où et dans n'importe quel ordre, chaque séance étant différente des autres.

<u>Comment pratiquer byosen</u> :

Lorsque l'on pratique sur une autre personne, celle-ci est allongée sur un matelas devant nous, et nous sommes assis auprès d'elle. Vous êtes libre de choisir la main que vous voulez pour pratiquer. On passe la main au-dessus du corps à la recherche de sensations différentes.

• Avant toute chose pensez à vous centrer en pratiquant gassho .

•Placez une main au-dessus du sommet de la tête du receveur afin de sentir son énergie. Soyez attentif aux sensations dans votre main.

• Ensuite, faites descendre votre main doucement à quelques centimètres au-dessus du corps en restant à l'écoute de vos sensations. Vous percevrez peut-être des changements, telle une différence de «consistance», un fourmillement, de la chaleur, du froid, des picotements, de la pression, un engourdissement, un chatouillement, une attraction, une répulsion. Les sensations perçues constituent l'hibiki. C'est la différence dans les sensations qui indique qu'il y a un byosen.

• **Posez la main**, ou même les deux, à l'endroit où vous avez senti l'hibiki. Pratiquez joshin kokyuu-ho. Pratiquez le Reïki !

• Continuez jusqu'à ce que vous sentiez un changement clair au niveau des sensations (hibiki). Il n'y a pas de durée pour l'imposition des mains. Mais cela dure toujours plusieurs minutes au moins. Vous passez à la suite lorsque l'hibiki disparait ou change clairement.

Quand vous poserez vos mains à certains endroits, vous ressentirez peut-être une douleur. Cette douleur peut monter dans le bras. C'est simplement le signal que quelque chose ne va pas à cet endroit. Vous ne devez pas retirer vos mains mais au contraire continuer à traiter avec le reïki. La douleur disparaît progressivement.

On pratique le Reïki à un endroit jusqu'à ce que le byosen disparaisse, diminue ou change de façon significative.

Différents hibikis courants :

- chaleur légère, un peu au dessus de la température du corps

- chaleur importante, parfois à la limite du supportable

- fraicheur

- picotements

- sensation pulsative

- douleur (qui remonte plus ou moins haut de la paume de votre main à son dos, à votre bras, à votre épaule)

- engourdissement

- vibration

<u>Notes importantes</u> :

1. Sentir une douleur, n'est pas prendre le mal du receveur et il ne faut pas souhaiter le prendre.

2. L'hibiki est une sensation et les sensations vous appartiennent. Il faut toujours, en toute circonstance distinguer perceptions et réalité.

3. Il n'y a pas forcément de lien entre la force du ressenti et la gravité du problème. On ne sent pas forcément un cancer plus fortement qu'une entorse.

4. Ne faites jamais d'interprétation de vos ressentis.

5.Comme vous avez pu le constater pendant le stage, votre ressenti est souvent différent de celui qui reçoit la séance. Evitez à tout prix de projeter ce que l'autre ressent. Si la séance est trop désagréable, la personne est libre de vous dire d'arrêter.

6. Cette technique a pour seul but de trouver où mettre les mains et en aucun cas de faire un diagnostic.

Reïji-Ho

(prononcer reildji ho)

Reïji veut dire « indication de l'esprit ».

Voici la seconde technique traditionnelle pour trouver où placer les mains.

Elle est la base de la pratique intuitive du reïki.

On pratique reïji–ho au début de la séance, avant de commencer. C'est une forme de «prière» qui va nous permettre d'écouter notre intuition et d'apprendre à lui faire confiance afin de savoir où poser les mains sur le receveur.

1. Assis à côté receveur. Fermez les yeux.

2. Placez vos mains en gassho.

3. Centrez-vous comme avant toute séance de Reïki.

4. Pensez à l'intention que tout se passe le mieux possible pour la personne, pendant et après la séance. Lâchez prise, car vous ne savez pas ce que veut dire «le mieux possible».

5. Montez vos mains au niveau de votre front.

6. Demandez à recevoir une indication pour savoir où mettre vos mains.

7. Soyez à l'écoute de ce qui vient sans juger.

8. Dès que vous recevez une indication, posez vos mains à l'endroit indiqué et commencez la séance.

9. Soyez attentif aux sensations dans vos mains (hibiki)

10. Rester en position jusqu'à ce que l'hibiki change.

11. Même si vous avez des indications pour d'autres positions, restez dans votre position aussi longtemps que nécessaire.

Les «indications de l'esprit» peuvent revêtir plusieurs formes. Quelqu'un de visuel peut voir les parties du corps du receveur qu'il doit traiter, par exemple directement sur le corps de la personne avec des tâches de couleur, ou bien il les voit devant ses yeux, ou il se voit en train de poser les mains à cet endroit.

Quelqu'un qui est auditif peut entendre les indications. Il est également très courant de sentir dans son propre corps les endroits où poser les mains. Simplement, on «sait» où il faut poser nos mains, avec une envie irrépressible de les mettre à un endroit.

Il ne faut pas s'attacher à la forme des indications. Si on ne reçoit pas d'indication, ou si ce n'est pas clair, il faudra s'entraîner à cette pratique. Attention cependant à ne pas tomber dans la «mentalisation» et le doute. Est-ce que je sens bien cela ? Est-ce que je n'imagine pas ? Est-ce que cela ne vient pas de moi (par exemple une sensation de douleur) ? De toute façon, il n'y a pas de danger à poser ses mains sur le corps à cet endroit ; quand bien même on se serait trompé. Il ne s'agit que d'entrainement, à votre niveau, et apprendre à «lâcher» est sûrement le principal à ce stade. Nous pratiquons entre nous en stage : c'est l'endroit idéal car toutes les personnes qui sont là partagent le même objectif.

<u>Entrainement</u> :

Il est important de s'entrainer aux deux techniques : Byosen reïkan- ho et Reïji-ho. Quand on arrive à un certain niveau dans la pratique énergétique, les deux aspects développés par ces techniques sont aussi importants l'un que l'autre.

Maîtriser vraiment prend des années, et dépend surtout de votre travail de développement personnel, qui permettra entre autres de lever des blocages, d'améliorer votre capacité à être attentif et présent, et à lâcher prise (ne rien vouloir, ne rien penser, ne rien attendre). Ne soyez donc pas trop pressé. Vous progresserez petit à petit si vous travaillez sur vous et pratiquez les différentes techniques du Reïki régulièrement.

Nous avons maintes occasions de traiter l'intuition dans mes autres stages. Rappelez-vous que l'intuition est réelle quand elle coïncide avec la présence (au sens de la conscience) sans émotion ni volonté. Le risque pour un débutant est de confondre les peurs, les fantasmes, les souhaits, les émotions, les pensées, et les intuitions. Ce danger ne peut être totalement écarté que par un grand nettoyage : le travail sur soi qui mène à la libération personnelle.

S'entrainer pour Byosen est assez simple car toutes choses sont faites d'énergie. Vous pouvez expérimenter des sensations énergétiques variées non seulement avec les humains, mais aussi au contact des animaux (vos animaux de compagnie peuvent constituer des cobayes très intéressants pour votre pratique, s'ils sont d'accord), des plantes, des minéraux, des lieux.

Reïki mawashi

C'est une pratique simple qui, traditionnellement, était effectuée systématiquement après les reiju. Les personnes présentes forment un cercle en se tenant les mains ou en mettant la main sur l'épaule de la personne devant soi, et on laisse l'énergie Reïki circuler dans le cercle. On peut décider de changer le sens d'orientation. L'objectif est de laisser l'énergie circuler, de la sentir, et d'être capable de détecter le sens dans lequel elle tourne. Il n'y a pas de méthode pour faire tourner l'énergie, chacun fait à sa façon. (on parle de l'intention au second degré).

Shudan Reïki

Méthode de Hayashi qui consiste à pratiquer le Reïki à plusieurs (en général deux personnes) sur un receveur unique.

Pratique de l'imposition des mains

On ne peut pas résumer la pratique du Reïki à l'imposition des mains : les exercices énergétiques, la méditation, la compassion, et surtout l'attention portée à ce que l'on vit dans le cadre d'une démarche de développement personnel, sont totalement indispensables.

Cependant c'est une partie importante du Reïki car elle constitue un moyen habile pour développer des compétences. C'est très malin de la part de Usui d'avoir choisi de poser les fondations (premier degré) de sa méthode sur quelque chose de très naturel et très accessible. Je considère que le Usui Reïki Ryoho est une façon simple de permettre à un grand nombre de personnes d'utiliser l'énergie, **à condition d'en respecter les règles et l'état d'esprit.**

Le Usui Reïki Ryoho est une méthode qui amène progressivement la capacité à travailler avec l'énergie, mais aussi d'autres éléments indispensables au travail sur soi, à savoir : le calme mental, la compassion, l'intuition, la présence, l'écoute de ce que l'on ressent. La pratique de l'imposition des mains permet de progresser dans chacun de ces domaines. C'est ce qui rend cette approche différente de beaucoup d'autres méthodes de développement personnel.

Dans ce chapitre, je résume les bases d'une bonne pratique de l'imposition des mains en Reïki, telle que nous l'avons pratiquée en stage. Vous devrez garder ces principes à l'esprit pour toutes les occasions que nous aurons de pratiquer ensemble.

Je vous rappelle que vous n'êtes pas sensé pratiquer le Reïki sur les autres tant que vous n'avez pas fait votre propre lessive. Si vous avez suivi un stage avec moi vous avez probablement déjà compris pourquoi - du moins je l'espère - mais je reviendrai sur le sujet un peu plus loin.

Les indications données dans ce chapitre sont importantes pour bien comprendre l'état d'esprit du Reïki, et à appliquer lorsque vous pratiquez en stage avec moi et le groupe. L'entrainement en stage et en réunions, vous permet d'enrichir votre compréhension du reïki, la pratique de votre auto-traitement et de progresser dans les techniques byosen et reiji-ho.

Considérations pratiques

Le receveur est allongé sur un matelas au sol (traditionnellement un futon).Veillez à être dans une position confortable, le plus simple étant d'être assis en tailleur à côté du ventre de votre partenaire (camarade de stage), car cela laisse l'accès à une grande partie du corps. Il est permis de bouger pendant la pratique, mais la pratique Reïki est relativement «immobile». D'autre part, moins vous romprez le contact, mieux ce sera. La position assise est idéale, en accord avec la méthode traditionnelle, elle permet d'être dans un état proche de la méditation.

Faites de votre mieux pour veiller au confort de la personne pour qui vous pratiquez. On peut prévoir un oreiller à mettre sous sa tête, ainsi qu'un coussin à placer sous ses genoux, pour que son dos soit moins cambré. Une couverture peut être utilisée s'il fait frais. Certaines personnes se refroidissent vite quand elles sont immobiles. On peut poser les mains sur la couverture ; mais personnellement, je préfère les passer dessous, ou la repousser à l'endroit où je pose les mains, car cela chauffe tellement que le besoin de se couvrir (du moins à cet endroit du corps) perd de son évidence.

Celui qui reçoit reste entièrement vêtu. Certaines personnes ne savent pas qu'elles peuvent conserver leurs habits, et des charlatans en profitent. La personne qui va recevoir une séance, tout comme celle qui la pratique, devrait porter une tenue confortable et souple. Les bijoux sont une gêne uniquement quand ils sont très nombreux ou épais : les bijoux de taille normale ne consituent pas un problème et n'ont pas à être ôtés.

Pensez à vous laver les mains et à faire pipi avant de commencer (ce détail est aussi important quand vous recevez l'imposition des mains).

L'état d'esprit pour bien pratiquer

La pratique du Reïki dépend de votre état de conscience. On ne peut pas pratiquer (et surtout sur une autre personne) dans n'importe quel état d'esprit. L'état d'esprit pour la pratique du Reïki peut être résumée ainsi :

« Ne rien vouloir, ne rien attendre, ne rien penser»

C'est simple, mais pas du tout évident. De mon point de vue, l'incapacité de la plupart des personnes à rester dans un tel état d'esprit est une raison majeure pour ne pas pratiquer sur les autres. En effet, **c'est cette règle qui garantit la sécurité de la pratique énergétique** et évite tous les déboires rencontrés par les divers apprentis «énergéticiens». Je reçois de nombreux emails de personnes qui ont des problèmes suite à un travail énergétique, la majorité provenant de personnes qui essaient de donner des soins.

J'ai souvent entendu dire qu'en Reïki, il n'y a pas d'intention. Ceci est tout à fait impossible. Il y a toujours une intention. Dire cela montre qu'on ne sait pas ce qu'est l'intention. L'intention ici présente est celle de pratiquer le Reïki, elle est accompagnée de l'intention que tout se passe le mieux possible, sans savoir ce que cela peut bien être que ce «mieux possible». Une intention forte est toujours accompagnée de lâcher prise car sans confiance, l'intention est faible. Sans votre présence et votre intention, il ne se passerait rien.

En revanche, il est de la plus haute importance de ne pas être dans le vouloir. Les problèmes commencent quand les gens veulent quelque chose. C'est ainsi qu'ils risquent de perdre leur énergie ou d'être dans la prise de pouvoir sur l'autre, bref d'être dangereux.

Pour être concrète, par exemple, il ne faut pas vouloir :

faire du bien à l'autre

le soigner

soulager sa douleur

soulager ses émotions

le calmer

l'apaiser...

La liste pourrait être longue, en fait il n'y a rien à vouloir pour l'autre et c'est seulement ainsi que l'on peut réellement aider quelle que soit la méthode employée.

Bien entendu, en pratiquant le Reïki, il ne faut rien attendre. C'est le corollaire de «ne rien vouloir». Que pourriez vous bien attendre ?

un résultat ?

un soulagement ?

de la détente ?

Si vous attendez quelque chose, vous empêchez ce qui peut se faire d'être fait, vous êtes dans un état contraire au lâcher prise absolument nécessaire à cette pratique.

Toute volonté, toute attente, vous font prendre des risques, et diminuent votre capacité à pratiquer, par exemple en vous rendant incapable de véritables intuitions : il ne faut pas confondre intuition et fantasme, la force de l'attente crée des fantasmes assez réalistes parfois, sous forme d'images ou de sensations.

Ces éléments méritent d'être expliqués , expérimentés et réfléchis, longuement. Nous aurons maintes occasions d'avancer sur le chemin de la compréhension de tout cela dans mes autres stages, le stage reiki 1 étant le stage le plus basique de tous les stages que je propose. Vous pourrez aussi vous référer à mes écrits sur le chamanisme.

Ne rien penser : la pratique Reïki est une pratique méditative, qui nécessite votre présence, votre attention, la plus grande possible. Sans votre présence, il ne se passe rien. Il n'est donc pas question de penser à autre chose, ou de rêvasser, comme cela se voit souvent. Soyez présents, conscients, continuellement attentifs. La pratique traditionnelle n'est pas possible autrement, puisqu'elle demande de toute façon de trouver où mettre les mains (cf byosen, reïji-ho).

Parvenir à cet état d'esprit pour la pratique demande un long travail sur soi. Les questions que je viens d'évoquer vous renvoient non seulement à des problèmes d'agitation mentale, mais également à des croyances, des besoins, des blessures, qui entrainent votre incapacité à être dans le lâcher prise et le non-vouloir. J'ai pu observer par exemple que les personnes qui sont les plus désireuses de soigner les autres sont souvent celles qui ont un profil de victimes et qui ont avant tout besoin d'être soignées. Beaucoup de thérapeutes choisissent ce genre d'activité dans le but inconscient de se réparer. Mais cela ne fonctionne pas, et dans le pire des cas, ces personnes peuvent être dangereuses pour les autres. Elles se mettent souvent dans des situations critiques pour elles et me contactent souvent car elles ont des problèmes liés à leur pratique.

Seul le travail sur soi peut permettre d'être apte à aider les autres. C'est avant tout une affaire d'état de conscience, pas une affaire de technique.

En tant qu'étudiant du Usui Reïki Ryoho, tenter de trouver cet état d'esprit sera une partie du chemin, l'une des façons de travailler sur soi avec le Reïki.

Poser les mains

Avant de commencer, que ce soit soi sur soi ou en stage sur les autres, il est bon se préparer, essayer de se mettre autant que possible dans l'état approprié à la pratique, comme nous venons de le décrire. Pour cela, la pratique d'un enchainement de TJR - ou au moins d'une TJR - et de la méditation (gassho ou autre forme) est vivement conseillée.

Ensuite, on pratique Byosen, ou reiji-ho, puis on pose les mains sans appuyer aux endroits qu'on a «trouvés». Il est recommandé aux débutants de pratiquer joshin-kokyuu-ho pendant la séance. Les mains doivent être posées du moment que cela est possible. Il existe des cas rares où cela ne l'est pas : par exemple le cas d'une femme musulmane qui refuse le contact avec un homme, ou bien le cas d'une blessure grave qui empêche tout contact, même sur le pansement. Dans ces cas extrêmes , vous pouvez laisser les mains à quelques centimètres au dessus de la peau. Néanmoins dans votre pratique, cela a très peu de risque d'arriver.

Le fait de poser les mains est important, car le contact est essentiel. La main   doit être posée légère comme une plume. Les débutants ont souvent tendance à appuyer, comme si cela allait mieux faire «passer» l'énergie. Le toucher en Reïki est doux (il existe quelques techniques de frottement et pressions enseignées à l'okuden koki). Lorsque l'on pratique dans le bon état d'esprit, le ressenti de ce toucher n'est jamais agressif. En lui-même, le fait de poser les mains peut-être thérapeutique.

Veuillez bien noter que si vous-même avez du mal avec le toucher, la pratique du Reïki sera une aide , et vous devez travailler sur vous. J'ai pu constater que les gens qui ont de gros problèmes avec le contact physique n'en ont plus au bout de quelques stages avec moi. Ne prenez jamais le chemin de la facilité qui consiste à ne pas poser les mains parce que vous préférez faire autrement. Vous êtes là pour travailler sur vous, et nous savons que ce chemin est souvent inconfortable. Ce travail de contact a une part non négligeable dans les progrès des élèves.

Lorsque vous êtes dans la position de recevoir l'imposition des mains, vous n'avez rien à faire, mais en stage, il est conseillé de rester attentif à ce qui se passe.

Les sensations

Dans la pratique du Reïki traditionnel, les sensations sont très importantes. Les pratiques de base sont byosen et reiji-ho. Elles sont fondées sur le ressenti. Sans les sensations, on ne peut pas pratiquer le reïki tel que l'a conçu Usui.

Pendant le stage, nous avons fait plusieurs exercices simples pour mettre en évidence les sensations manuelles et visuelles de l'énergie. Vous pouvez pratiquer ces exercices chez vous. Au fil des années, ce qui ressort c'est que tout le monde est capable de sentir l'énergie et même de la voir. Les exercices sur l'aura que l'on pratique en stage ont pour seul but de vous démontrer cela.

Il est essentiel de comprendre que les sensations énergétiques sont tout à fait normales et ordinaires. Elles ne relèvent d'aucun don, d'aucune aptitude spéciale. Tout le monde peut sentir. Si vous sentez quelque chose, c'est normal. Cela ne fait pas de vous une personne exceptionnelle. Il n'y a rien à faire avec cela. Cela appartient à tout le monde.

Les sensations se développent si on pratique, c'est-à-dire si on y prête attention, tout en attendant rien de spécial. Si vous voulez trop sentir, il est probable que vous ne sentirez rien. Si vous sentez quelque chose mais faites des effort pour sentir mieux, il est probable que les sensations disparaîtront.

La pratique de l'auto-traitement et les techniques japonaises de reiki vous aideront à développer votre capacité à sentir. Mais ce qui fait vraiment la différence c'est le travail sur soi. Je n'entends pas par là le fait de poser les mains sur soi, mais la démarche de développement personnel qui mène à se libérer de tout son passé, et de tous les conditionnements.

Plusieurs éléments influent sur la capacité à sentir :

- votre état de conscience

- votre capacité à être attentif

- vos blocages

- vos traumatismes,

- vos peurs

- le fait d'attendre ou de vouloir quelque chose

- ce que vous croyez

- ce que vous projetez sur la situation

Le second point à bien comprendre est le suivant :

« Les sensations ne sont pas la réalité.»

Vos sensations vous appartiennent, elles vous sont propres et ne sont pas à confondre avec ce qui se passe. Il s'agit de votre perception. Elle ne veut rien dire en elle-même. Il est même possible de sentir quelque chose qui n'existe pas. Cela arrive très souvent. Beaucoup de personnes sentent ce qu'elles veulent sentir ou ce qu'on les a conditionnées à sentir. Dans certains stages un peu ésotériques le conditionnement est flagrant, c'est pourquoi de nombreuses personnes sentent alors la même chose.

Dans la méthode Reïki on utilise les sensations de façon prudente : aucune interprétation n'est permise, et il n'y a rien à décoder ou comprendre. Simplement, on cherche où poser les mains. C'est le maximum pour une personne qui n'a pas terminé sa lessive personnelle, qui a encore des peurs, des blessures, des croyances, des attentes, etc. Si on respecte cette prudence nécessaire, on évite les débordements, les prises de pouvoir et les erreurs que l'on observe souvent dans les pratiques énergétiques ou ésotériques.

L'auto traitement Reïki : l'imposition des mains sur soi-même

La pratique du Reïki au premier degré comprend plusieurs techniques. Poser les mains sur vous, de façon quotidienne, est une habitude à prendre et à conserver au moins jusqu'au niveau shihan, mais pourquoi pas pour toujours. La quotidienneté de la pratique est assez facile à mettre en place. Beaucoup d'étudiants pratiquent le soir, au lit, ou bien le matin, avant de se lever.

Cela ne constitue pas une pratique tout à fait suffisante, car en agissant ainsi, l'imposition des mains sur vous risque d'être courte. D'autre part, il y a fort à parier que vous ayez tendance à poser les mains toujours aux mêmes endroits.

Il est conseillé de prendre le temps de faire son auto-traitement de façon plus longue et plus complète au moins les jours où vous ne travaillez pas, et au moins une fois par semaine. Souvenez vous que vous avez suivi ce stage pour vous occuper de vous, prendre soin de vous. Prendre du temps pour vous est indispensable si vous désirez améliorer votre vécu. Rien ne se fait sans implication.

Les personnes qui ne pratiquent pas l'auto-traitement régulièrement ne sont pas celles qui ont un emploi du temps chargé, mais plutôt celles qui rechignent à prendre du temps pour elles, et à s'occuper d'elles. Avant toute chose vous devez vous occuper de vous. Vous êtes le centre de votre vie. Les personnes qui ne s'occupent pas d'elles sont souvent celles qui souhaitent aider les autres. Or, on ne peut aider personne si on n'est pas en bonne santé, et si on n'a pas réglé ses problèmes. Vous devez tourner le regard vers vous, et vers l'intérieur. C'est la condition indispensable à toute démarche spirituelle ou de développement personnel.

La pratique de l'imposition des mains sur vous-même a plusieurs objectifs. Le but du Reïki est la paix, et le bonheur. L'auto-traitement permet de continuer à recevoir de l'énergie dans un but d'élévation spirituelle. Cela peut faire bouger des choses en vous, parfois vous aurez des remontées émotionnelles ou des prises de conscience. L'auto-traitement, comme toute pratique Reïki, agit à tous les niveaux : spirituel, émotionnel, mental, physique. Il vous aidera également à vous maintenir en bonne santé.

Les sensations que vous ressentirez pendant ces séances vous donneront des indications sur ce qui se passe en vous, y compris physiquement. On peut très nettement sentir que les organes travaillent, par exemple.

On ne pratique pas le Reïki parce qu'on est malade ou parce qu'on a mal quelque part. Le Reïki se pratique tous les jours, même si on est en bonne santé, car son but est spirituel. Cependant, il serait dommage de ne pas penser à l'utiliser quand ça ne va pas. Si vous vous faites mal, vous pourrez bien sûr pratiquer le Reïki. Cela complète les soins médicaux.

On peut effectuer l'auto traitement assis ou couché, la position couchée permettant une plus grande détente (l'important étant de se sentir bien dans la posture adoptée).

Note importante : comme pour les séances pratiquées ou reçues par d'autres, l'auto-traitement n'est pas toujours agréable et n'est pas toujours une séance de détente. Il peut aussi avoir des effets sur un moyen terme.

Autotraitement quotidien japonais / Usui Reïki ryoho:

Le membre de la Reïki Ryoho Gakkaï commence le matin par méditer, (gassho ou autre) puis il enchaine les TJR (techniques japonaises de Reïki), et récite les préceptes. Ensuite il pratique reiji-ho pour savoir où il doit poser les mains pour son autotraitement puis pratique celui-ci.

Vous pouvez pratiquer de cette manière. Mais ne négligez pas le bon sens. Une séance de reïki concerne l'être dans sa totalité ; les positions des mains n'ont pas besoin d'être définies de façon absolue. Si vous avez mal quelque part il est évident que vous allez poser vos mains à cet endroit.

S'entrainer à pratiquer byosen et reïji-ho est recommandé, mais rappelez vous également que vous mettre dans une position de receveur et vous laisser aller , peut être très bon.

Même si vous avez peu de sensations, ou si vous avez du mal à pratiquer byosen ou reiji-ho sur vous, il faut pratiquer l'auto-traitement. Posez les mains sur vous et ayez l'intention de recevoir l'énergie. Soyez attentif à ce que vous ressentez.

Efficacité de l'imposition des mains sur soi

Souvent, on a l'impression que l'auto traitement est moins efficace qu'une séance donnée par quelqu'un d'autre. En réalité c'est différent.

L'énergie transmise par une autre personne est différente de celle que l'on est capable de transmettre. Pour se soigner seul, il faut déjà être nettoyé, en quelque sorte. Il est donc dangereux et faux de faire croire aux gens qu'en pratiquant le Reïki ils pourront régler tous leurs problèmes tout seuls.

Néanmoins, les auto traitements apportent beaucoup. Et ils sont moins risqués que les séances reçues d'autres personnes, du fait même que l'énergie est celle que l'on est capable de transmettre par soi-même. D'une manière générale, on observe moins d'effets douloureux avec les auto-traitements qu'avec les séances données par d'autres personnes.

D'autre part, du fait que l'on est à la fois «donneur» et «receveur», on peut être moins attentif à son ressenti, moins réceptif ou moins détendu. Les critères psychologiques jouent aussi car beaucoup de personnes croient que ce sera plus efficace si quelqu'un d'autre pratique. Beaucoup ont besoin de se sentir accompagnées. En réalité, il faut déjà aller bien pour être capable de régler ses problèmes tout seul. L'efficacité d'une pratique énergétique dépend toujours de la clarté et de la puissance de l'intention. Plus les étudiants prennent confiance dans la méthode, plus ils sont capables de transmettre l'énergie , comme de détecter les endroits à traiter.

Anatomie

Au fil du temps, j'ai pu noter que beaucoup de personnes, n'ont aucune connaissance de l'anatomie humaine, même basique. Bien que le Reïki ne soit pas un soin ou une pratique médicale, il est fort utile, dans sa pratique et dans la vie, de savoir au moins où se situent en soi, les organes principaux. Je vous invite donc à consulter des livres ou internet pour être capable de situer en vous vos organes principaux. A notre époque ignorer cela ne devrait plus être possible. (mes anciens manuels contiennent des planches d'anatomie trouvées sur internet)

Indications traditionnelles pour l'imposition des mains

Manuels de Usui et Hayashi

Usui et Hayashi donnaient des manuels à leurs élèves. Leurs manuels ont été retrouvés et publiés, traduits en plusieurs langues occidentales, dont le Français. On y trouve des indications pour l'imposition des mains selon les maladies. Vous trouverez une traduction du manuel de Usui en annexe de ce manuel.

La pratique enseignée par Usui était intuitive. Ces conseils étaient destinés aux étudiants, qui à l'époque étaient encouragés (voire obligés) à faire du bénévolat auprès de l'enseignant, de façon régulière. On imagine très bien, dans la grande clinique de Hayashi à Tokyo, que celui-ci, bien que présent, ne pouvait être avec tous les étudiants en même temps, et que l'on cherchait dans ces circonstances une forme de rapidité et d'efficacité.

Les positions du Ryoho shishon ne sont pas des positions standards, vous ne devez pas les apprendre. Etant donné que nous sommes dans un contexte très différent de celui de l'époque de Usui, elles nous servent surtout à montrer qu'on peut poser ses mains partout, et pratiquer le Reïki quel que soit les problèmes physiques des gens. En effet, depuis que j'enseigne le reiki et que j'ai un forum, j'ai pu constater que des croyances très diverses circulent sur le Reïki et ses soi-disant contre-indications.

A ma connaissance. Usui, qui était une personne très précautionneuse, n'a jamais parlé de contre-indication. Ainsi, on peut pratiquer sa méthode pour une femme enceinte, ou une personne qui a un pace maker, ou un cancer, contrairement à ce que certaines rumeurs font circuler. Vous trouverez dans son manuel (en annexe de ce manuel) des conseils pour toutes circonstances. Le point essentiel se situe ailleurs : il faut que celui qui reçoit comprenne ce qu'est le Reïki et soit prêt à accepter les désagréments éventuels.

Positions de mains originales du Usui Reïki Ryoho :

Usui ne donnait que cinq positions standards, qui concernaient la tête.

> 1-Zento-bu : le haut du front (à la racine des cheveux)

> 2-Sokuto-bu : les deux côtés de la tête (au dessus des orcilles)

> 3-Koutou-bu : l'arrière de la tête et le front (nentatsu)

> 4-Enzui-bu : les deux côtés du cou

> 5-Toucho-bu : le sommet de la tête

Lorsque l'on trouve «traiter la tête» dans le manuel de usui, il s'agit de ces positions. Vous n'avez pas à retenir les noms en japonais, mais simplement les positions. Ce traitement de la tête durait environ 30 minutes. Ensuite le reste du corps était traité selon l'intuition (reiji-ho), le scanner (byosen). Ce traitement était donné au patient assis.

Ces 5 positions peuvent vous servir pour commencer une séance quand vous ne savez pas où mettre les mains, ce qui est bien évidemment valable pour le traitement sur vous. La tête est toujours un endroit important à traiter.

Les effets de la pratique

Ce que vous devez retenir c'est qu'on ne sait pas quel effet aura une séance de Reïki. Cela peut être déstabilisant ou décevant, mais c'est ainsi. Celui qui prétend savoir ce qui va se passer ne pratique sûrement pas le Reïki. Il cherche probablement à obtenir un résultat.

Certes, avec la pratique Reïki, il se passe quelque chose, du moins si la personne qui pratique est présente et a reçu un enseignement pas trop incomplet ou erroné. Ce qui se passe dépend de nombreux éléments :

- le moment

- l'état de la personne qui reçoit

- l'intention de la personne qui reçoit

- la personne qui pratique

- la capacité à transmettre l'énergie de la personne qui pratique, en lien avec son état de conscience.

Les effets peuvent être physiques, émotionnels, spirituels. Quoi qu'il arrive, la pratique Reïki agit à plusieurs niveaux, et à la fois sur un plan global et sur un plan local (à l'endroit où on poses les mains).

Les ressentis pendant la séance :

Pendant le stage, les élèves ont différents ressentis pendant la séance de Reïki, et voient que les autres en expérimentent encore d'autres.

Ces ressentis les plus courants sont :

- chaleur

- froid

- douleur

- sensation de malaise

- détente

- sécurité

- sommeil

- larmes

- sensation de mouvements internes, même à des endroits où rien ne semble pouvoir bouger (dans la tête par exemple)

- frissonnements

- sensation de quelque chose qui coule

- sensation de pression ou de pesanteur

- engourdissement

La séance de Reïki n'est pas toujours agréable, ni pour celui qui reçoit ni pour celui qui pratique. Vous devez retenir cela. Les ressentis désagréables n'ont rien d'anormal. Pour prendre un exemple simple : admettons que j'aie une tendinite et que je décide de pratiquer le Reïki à cet endroit. En général, l'effet immédiat est une augmentation de la douleur - genre coups de couteau. Si c'est le cas, je saurai que cela agit. Qui a dit que la guérison ne faisait pas mal ? Si vous croyez cela, laissez ma longue expérience vous dire que c'est une illusion. La douleur n'est pas obligatoire, mais elle est souvent présente.

De même sur le plan psychologique, les remous nécessaires au changement sont loin d'être toujours agréables. Et je mesure mes mots. C'est donc la règle du jeu : lorsque l'on s'engage dans une pratique qui peut réellement faire bouger des choses en nous, on accepte que cela secoue un peu.

Tous les élèves qui sont présents en stage ont en principe accepté ce principe et en sont prévenus. Il ne faut jamais pratiquer le Reïki sans informer la personne concernée de ce qu'est cette méthode, son but, ses effets, ses désagréments. Il faut toujours s'assurer que la personne comprend bien et qu'elle accepte cela.

Méditation

Les préceptes du Usui Reïki Ryoho nous invitent à «faire gassho chaque matin et soir». Pendant le stage je donne d'assez nombreuses explications sur la méditation, nous avons l'occasion d'échanger sur les difficultés individuelles.

La méditation est l'une des pratiques les plus importantes en Reïki et pour votre développement personnel. Commencez à pratiquez et vous verrez des résultats. Je rappelle ici les techniques de méditation de base que nous avons vues pendant le stage.

Je tiens à rappeler que lorsque nous parlons de méditation, il s'agit de techniques qui ont pour but de rééduquer l'activité mentale, afin que celle-ci devienne saine, et de faire cesser la production automatique, incontrôlée et incessante de pensées (images, musiques, etc) inutiles.

L'agitation mentale est sans doute le mal le plus partagé au monde, mais elle n'en est pas normale pour autant. Nous avons besoin d'être capable de focaliser notre attention pour être efficaces et présents dans nos activités quotidiennes, tout comme dans les pratiques liées au développement personnel.

Méditation : base de la pratique pour obtenir le calme mental

Si l'on observe notre esprit on peut remarquer qu'il est très agité. Les pensées jaillissent continuellement, indépendamment de notre volonté, et passent rapidement d'un sujet à l'autre.

En fait nous ne sommes jamais tout à fait là, présents à ce que nous sommes en train de faire, car notre attention est continuellement captée par les périgrinations de notre mental, qui nous éloignent de la réalité et de l'instant présent.

Tout cela n'est pas contrôlable tant qu'on n'a pas pratiqué un certain temps la méditation. Constater que notre esprit est hors de contrôle est une bonne motivation pour pratiquer la méditation, et au début de la pratique il sera facile de le constater.

Pour atteindre ce calme mental la pratique méditative consiste à essayer de maintenir notre attention sur un objet unique pendant un certain temps. Serons-nous capables de focaliser notre attention sur un seul objet pendant ne serait-ce que quelques minutes ? Notre activité mentale habituelle est intense, et cela fait longtemps que cela dure...Pour beaucoup d'étudiants, contrôler l'activité mentale est un véritable défi !

Soyez joyeux à l'idée de jouer avec votre esprit et de découvrir son fonctionnement. Cela va certainement être passionnant. On peut choisir n'importe quel objet de méditation. Il ne s'agit pas forcément d'un objet au sens matériel du terme. Cependant, l'objet doit être restreint, et immobile, afin que l'esprit ne soit pas distrait en l'observant.

L'objet le plus couramment choisi pour les débutants est leur propre respiration. Dans la pratique, cela peut se traduire par plusieurs choses : le point où l'air entre et sort du nez, ou le mouvement du ventre qui se soulève et se contracte, par exemple.

<u>Prenez une posture adaptée:</u>

Généralement on s'assoit sur un coussin de méditation. Il faut veiller à ce que le coussin soit dur et suffisamment épais. Très souvent, il suffit de choisir un coussin plus haut pour que la posture semble beaucoup plus facile. Si vous êtes grand il vous faudra un très gros coussin. A défaut de coussin à la bonne taille, un morceau de bois peut faire l'affaire. Croisez naturellement les jambes et vérifiez les points suivants :

- Il faut que vos genoux soient plus bas que vos hanches.

- Vos tibias doivent être tournés vers le sol.

- Votre dos doit être dans une position naturelle : vous ne devez être ni cambré, ni vouté. Le coussin de méditation permet une légère bascule du bassin qui empêche le corps de s'affaisser.

Les personnes ayant des difficultés pour s'asseoir sur un coussin peuvent choisir un banc de méditation : il en existe de plusieurs tailles. On passe ses jambes dessous et on s'asseoit dans une posture «à genoux» soutenue par le banc. C'est plus facile au niveau des hanches, et cela demande moins de souplesse. Cependant cela peut poser des problèmes au niveau des genoux.

Il est déconseillé d'utiliser une chaise pour méditer. Cependant, si votre corps vous fait trop souffrir dans les postures adaptées, et que vous décider d'essayer avec ce genre de mobilier, il faut veiller aux point suivants :

• La chaise ne doit pas vous emmener vers l'arrière (la plupart des sièges sont anti-dos-droit).

• Vos pieds doivent reposer à plat sur le sol.

• Vous ne devez pas vous appuyer contre le dossier. Il est conseillé de s'asseoir au bord de la chaise.

• Votre dos doit être dans une position naturelle sans effort, ni voûté, ni affaissé, ni cambré.

Quelle que soit la posture que vous choisissez, étendez votre colonne en tirant un peu la tête vers le haut. Soyez spacieux également en largeur et penser à décontracter vos épaules (quelques mouvements préalables peuvent aider). Rentrez un peu le menton pour que la nuque soit également dans une position naturelle, prolongement du reste de la colonne. Vous ne devez ni baisser votre tête, ni la relever, ainsi vous éviter les contraintes sur les vertèbres. Souvenez-vous que cette posture devrait être une position de repos. Avec un bon coussin de méditation, bien adapté à votre morphologie, elle ne nécessite aucun effort. Du moins, c'est ainsi que ceala devrait être. J'ai pu remarquer que les élèves manquent très souvent de souplesse, même quand ils sont jeunes et que de mauvaises postures sont souvent habituelles. De ce fait, une posture de méditation simple peut paraître difficile.

Posez la langue sur le palais juste derrière les deux incisives centrales supérieures, laissez la bouche très légèrement entrouverte (il ne s'agit pas réellement d'ouvrir la bouche, mais plutôt de vérifier que vos mâchoires ne sont pas serrées. Laissez les yeux entrouverts et posez le regard devant vous, sur le sol par exemple, sans vraiment regarder ce point, qui devra apparaître flou. Les mains peuvent être soit posées sur les cuisses (laissez tomber les bras naturellement) soit tenues au niveau du nombril, paumes vers le haut, la main droite reposant sur la main gauche, les deux bouts des pouces se touchant. (il existe de multiples façons de tenir ses mains et ses doigts, mais ce n'est pas l'essentiel).

Tout d'abord **générez en vous une forte motivation** pour cette session de méditation. J'espère que toutes les explications que je vous ai données en stage vous ont convaincu de la nécessité de cette pratique.

Si on ne réalise pas le calme mental il est certes impossible d'atteindre l'éveil, mais aussi toutes les réalisations qui le précèdent. Il est impossible sans cela d'avoir une perception directe et intuitive de l'univers et de son mode d'existence. Plus simplement, si nous ne pouvons pas contrôler notre activité mentale et obtenir un semblant de calme, aucune de nos pratiques ne pourra atteindre sa pleine efficacité. L'agitation mentale est l'une des principales difficultés rencontrées pour toutes les techniques de développement personnel. Il est alors difficile de se libérer de la souffrance.

Mais c'est aussi valable pour toutes nos pratiques dans la vie, y compris les tâches professionnelles. Comme nous serions plus efficaces si nous étions capables de nous concentrer totalement sur notre travail ! Combien de petits (ou gros) incidents de la vie pourrions nous éviter si nous n'étions pas distraits ? Ne pourrions nous pas améliorer la qualité de nos relations si nous étions capables d'être totalement présents quand nous sommes avec les autres ? Pensez à la fatigue mentale, et à toute l'énergie perdue à entretenir des pensées inutiles, voire néfastes. La méditation a de nombreux intérêts qu'il serait trop long de développer ici. Nous en avons un peu parlé pendant le stage. Pensez- y.

C'est la motivation qui vous permettra de surmonter aisément les difficultés des débuts en méditation.

Choisissez un objet de méditation sur lequel vous allez maintenir votre attention. ------ Disons votre respiration-------

Commencez par observer votre objet. Observez le cours de votre respiration dans son ensemble puis choisissez sur quoi vous allez vous concentrer. Cela peut être le mouvement total de la respiration, ou bien le mouvement de votre abdomen (très bon pour s'ancrer) ou bien la sensation du souffle dans vos narines.

Une fois votre objet bien défini, **prenez la décision ferme de ne pas le lâcher pendant toute la durée de la session.**

Les sessions au début peuvent durer 3 minutes. Je déconseille de commencer par des séances longues. Les débutants ne sont pas capables de focaliser leur attention sur un objet plus de quelques minutes, ou même quelques secondes. Si vous voulez méditer trop longtemps, il se produira l'inévitable : le flot de vos pensées se déchainera telles les vachettes qu'on lâche dans les rues pour la féria.

Dites-vous intérieurement : je vais rester sur cet objet pendant 3 minutes, quoi qu'il arrive.

Votre attention se focalise sur l'objet, comme si vous le «teniez» avec votre esprit. Cependant, la totalité de votre esprit ne doit pas être sur l'objet mais seulement 75 %. C'est une erreur courante que d'essayer d'être à 100 % sur l'objet. Cela ne fonctionne pas, car la méditation doit rester un état naturel. Ce n'est pas de la concentration. Il ne faut pas confondre attention et concentration.

Les personnes qui sont dans la concentration ont souvent mal à la tête après la méditation : ce n'est pas normal et c'est un signe que l'on a mal compris l'exercice. Pendant la pratique, une partie de votre esprit ne fait rien. C'est justement là, dans cette partie de votre esprit qui reste naturelle - comme relaxée- que vous découvrirez qui vous êtes. C'est aussi là que jaillirons d'éventuelles intuitions.

En résumé : une partie de votre esprit est focalisé sur l'objet de la méditation (le plus souvent, la respiration), une autre surveille en quelque sorte cet exercice, et enfin une autre partie ne fait rien. Si vous avez l'impression que vous ne tenez pas assez bien l'objet, renforcez un peu votre attention. Si vous êtes au contraire trop «concentré», relâchez un peu. Trouvez l'équilibre.

Des pensées vont certainement surgir, laissez-les simplement passer : elles ne sont pas du tout un problème; il suffit de les ignorer. L'important est de ne pas prêter attention à ces pensées et autres activités mentales non voulues. C'est votre attention qui nourrit le phénomène de production automatique de pensées. Laissez donc passer ces pensées, comme une vache voit un train passer. Elles le laissent passer et en aucun cas ne montent dans le train. Agissez de même, ne montez pas dans le train des pensées, ne les suivez pas, n'empruntez pas le chemin qu'elles vous proprosent. Ainsi, elles finiront par s'évanouir, n'étant plus alimentées.

Si jamais vous êtes monté dans le train, vous vous rendez compte que vous avez lâché votre objet. Ainsi vous vous retrouvez à rêvasser, penser à votre prochain repas ou bien à un problème. Il suffit alors de revenir simplement à l'objet (la respiration). Quoi qu'il arrive revenez toujours à l'objet. Ne faites pas de remarques intérieures sur votre réussite ou votre incapacité à rester centré sur l'objet, c'est encore de la distraction. Si les pensées arrivent, laissez-les passer, et restez sur votre objet.

La clé du progrès dans la pratique de la méditation est la régularité, comme pour toute tentative de rééducation. Il est essentiel de pratiquer souvent, des séances très courtes au début. Il vaut mieux pratiquer plusieurs fois par jour de façon très courte que de méditer une fois par semaine pendant une durée trop longue pour un débutant.

Anapasati

J'enseigne cette technique dans certains stages en complément de la technique précédente, qui constitue l'essentiel de la pratique. Elle se montre souvent utile aux élèves qui ont un mental très agité et très entrainé. Anapasati consiste à compter ses respirations, ainsi cela occupe un peu le mental et c'est plus facile que la technique avec un objet plus restrreint. Cependant, comme toute technique de méditation avec un objet «mobile», cela ne permet pas d'atteindre la même maîtrise du mental que la pratique «normale».

Comptez votre respiration de la façon suivante :

A l'inspiration, comptez 1

A l'expiration comptez 1

Continuez à compter chaque inspiration et chaque expiration en passant au chiffre suivant

inspiration : 2

expiration : 2

Comptez ainsi jusqu'à 9 , puis diminuez les séries.

Voici comment vous réalisez la totalité de l'exercice :

1-1 2-2 3-3 4-4 5-5

1-1 2-2 3-3 4-4 5-5 6-6

1-1 2-2 3-3 4-4 5-5 6-6 7-7

1-1 2-2 3-3 4-4 5-5 6-6 7-7 8-8

1-1 2-2 3-3 4-4 5-5 6-6 7-7 8-8 9-9

1-1 2-2 3-3 4-4 5-5 6-6 7-7 8-8

1-1 2-2 3-3 4-4 5-5 6-6 7-7

1-1 2-2 3-3 4-4 5-5 6-6

1-1 2-2 3-3 4-4 5-5

Lorsque vous arrivez facilement à faire cet aller retour sans vous tromper, cessez de compter et continuez juste à être attentif à votre respiration, comme dans la méthode décrite précédemment. Ce sera alors plus aisé.

D'une façon générale, lorsque vous êtes très agité, il est inutile de vous astreindre à la pratique de la méditation classique tout de suite. Ce serait un échec assuré. Commencez par des TJR par exemple, avant de passer à la vraie méditation. L'enchainement de Kenyoku, Reïki syana-ho et joshin kokyuu-ho aide vraiment à se calmer.

Compassion

Dans ce chapitre je décris ce qu'on appelle «**la méditation de compassion**» mais vous devez bien comprendre et retenir que cette pratique est très différente de la méditation du chapitre précédent : L'objectif n'est pas le même. La méditation a pour but de rééduquer l'activité mentale pour obtenir le calme.

Les pratiques de compassion ont pour but de travailler sur l'amour, en particulier l'amour de soi. Elles permettent également de vérifier où on en est vis à vis des autres, de certaines relations, blessures et traumatismes. La pratique que je vais décrire est l'une des bases du travail sur soi, et l'un des outils les plus utilisés par mes élèves. Elle est à la fois un outil de révélation des problèmes et un outil de transformation très puissant.

Vous devez donc utiliser cette technique, et vous ne pouvez pas la remplacer par la pratique du calme mental, de même qu'elle ne remplace pas la première.

Nous avons passé beaucoup de temps pendant le stage à discuter de ce qu'est la compassion. C'est une notion aussi essentielle que subtile. Je ne reviendrai pas sur cette définition , sa compréhension et sa portée dans ce manuel, mais nous aurons l'occasion d'en reparler pour le stage okuden zenki, dans le stage sur l'amour (avec beaucoup plus de temps à y consacrer), et aussi souvent que les circonstances le nécessitent, en stage et sur le forum. Ce n'est pas le genre de chose dont on fait le tour en quelques heures.

Voici maintenant la description de la technique proprement dite.

Méditation de compassion :

Il est conseillé de s'asseoir en posture de méditation. Ce n'est pas tout à fait obligatoire et l'on peut pratiquer sans être sur un coussin de méditation. Cependant, il faut tout de même prendre le temps de bien faire les choses.

Regardez votre vie. Voyez comme tout ce que vous faites, vous le faites dans un unique but : trouver le bonheur.

Ensuite regardez les autres personnes et voyez que c'est exactement la même chose pour elles. Elles cherchent toutes le bonheur. Quoi qu'elles fassent, même si elles sont très différentes de vous, elles ont cet objectif, cette recherche, qui est la même que la vôtre. La vie est souvent difficile et tous nous cherchons à être heureux et à éviter la souffrance, avec ce que nous sommes et nos moyens. Ceci est également vrai pour les autres créatures, les animaux par exemple. Vous avez droit au bonheur et les autres aussi. Ne souhaitez-vous pas qu'ils l'obtiennent ? Si oui, vous êtes en train de générer en vous la compassion. C'est un bon début.

D'une façon ou d'une autre, vous devez trouver un moyen de générer en vous un sentiment qui sera le plus proche possible de la compassion telle que nous l'avons définie ensemble en stage. Je suis consciente que ce n'est pas évident et que certaines personnes ont même de grosses difficultés avec l'amour en général, du fait de leur parcours personnel. Mais l'important est de faire de son mieux et de générer en soi le sentiment le plus proche de la compassion dont on soit capable. A défaut d'amour, cela peut être de la tendresse, ou même de la bienveillance.

Tant qu'on n' est pas habitué à la pratique , il est usuel de se servir de ses souvenirs pour générer le dit sentiment. Pensez à un moment où vous avez senti de l'amour (ou à défaut, de la bienveillance, de la tendresse).

La méditation de compassion comporte deux parties, la plus importante étant celle qui vous est consacrée. **En effet, on ne peut pas aimer les autres si on ne s'aime pas (vraiment).** Il faut donc pratiquer en priorité la partie tournée vers soi. Pour certaines personnes (celles qui n'ont pas envie de pratiquer pour elles par exemple), il ne faut pas du tout pratiquer sur les autres pendant un certain temps . Moins vous avez envie de vous donner de l'amour, plus vous devez le faire. Il serait dangereux de ne pratiquer que pour les autres.

<u>Résumé des deux parties de la méditation de compassion :</u>

3.Pratique pour soi : générer le sentiment de compassion, se le donner (plusieurs méthodes sont possibles), prendre le temps de se pardonner ce qu'on se reproche. A utiliser sans modération selon toutes les variantes nécessaires au travail que vous faites sur vous en ce moment (sur un événement, un ressenti, une souffrance, vous à un certain âge, vous bébé, sur votre corps, etc).

4.Pratique pour les autres : une personne à la fois en commençant par les gens que vous n'aimez pas, ceux qui vous ont fait du mal, ceux avec qui vous avez ou avez eu des relations difficiles (mêmes s'ils sont morts), sans oublier ceux qui vous embêtent dans la vie quotidienne, vos amis et votre famille. Générer le sentiment, l'envoyer à la personne, voir que cela lui fait du bien, se réjouir (ce dernier point est de la plus haute importance).

Bien entendu, il est impératif d'être sincère dans la pratique, c'est-à-dire de sentir vraiment, de vouloir vraiment donner (et se donner) cet amour, de (se) souhaiter sincèrement du bien, et de se réjouir sincèrement , ce qui doit produire un sourire final sur votre visage.

Vous trouverez sur le forum une rubrique dédiée à cette pratique où chacun peut partager la façon dont il utilise cette pratique. Comme vous le verrez, cet exercice est sans doute le plus largement conseillé et utilisé pour travailler sur soi.

Qu'est-ce que le reïki ?

A mes yeux, cela n'a pas grand intérêt de vous dire ce qu'est le Reïki : c'est à vous de le découvrir. La connaissance ne vient jamais par les explications, fussent-elles excellentes.   A mes yeux un bon enseignant pose les bonnes questions, plus qu'il n'y répond. J'en poserai quelques unes pendant le stage okuden koki (second degré, deuxième partie).

Je vous épargne également les histoires que l'on entend quand on suit un stage à l'occidentale. La pratique du Reïki n'a rien de magique. Au fil de votre pratique, votre vision du Reïki changera et vous devrez comprendre par vous même de quoi il retourne. Si vous ne le comprenez pas, eh bien, c'est sans doute que vous n'avez pas encore assez progressé. C'est le travail sur vous - au sens spirituel et non au sens de poser les mains sur vous- qui vous permettra petit à petit d'y voir clair.

Prenez toutes les indications suivantes uniquement comme des pistes de réflexion.

Je trouve bon de commencer par lire l'interview que Usui Senseï a donnée (cf mon site lereikiguide.com). On pourra y remarquer que lui-même dit qu'il est difficile d'expliquer ce qu'est le reïki et comment il fonctionne. Usui dit que son système est fondé sur le pouvoir subtil de l'univers. Il y a plusieurs façons de lire et comprendre cette phrase. Mais ce qu'il faut en retenir à mon avis c'est que rien ne sert de vouloir donner des explications . Le pouvoir subtil de l'univers ne peut être appréhendé intellectuellement.

En revanche, le mot reïki et l'idéogramme japonais qui le représente peuvent être examinés.

Le mot reïki est traduit par « énergie universelle de vie » ou « force de vie universelle » la plupart du temps. Dans la pratique du Reïki, retenons que l'on ne donne jamais sa propre énergie. L'énergie qui est transmise provient de la source illimitée de l'univers. Si vous respectez la grande règle «ne rien vouloir, ne rien attendre, ne rien penser», vous ne donnerez pas votre énergie et constaterez que la pratique du Reïki ne fatigue pas. Si vous ne respectez pas ces règles, à mon avis, vous ne pratiquez pas le Reïki et risquez de transmettre votre énergie.

Si on décortique le terme Reïki :

Le mot **ki** signifie énergie vitale, énergie de vie, énergie de la force de vie. C'est le chi des chinois et le prâna des hindous. C'est la force vitale présente dans tous les êtres vivants.

Le mot **reï** signifie essence, universel, puissance mystérieuse, conscience, essence spirituelle.

Ce terme amène une connotation spirituelle au mot ki et au terme reïki. Il peut préciser l'origine, la provenance du ki en question, ou bien tout simplement reïki est un mot composé désignant justement la force de vie dans son essence universelle, consciente et mystérieuse.

Cependant en japonais reïki est un idéogramme, un tout. Sur la page suivante vous voyez cet idéogramme, que j'ai dessiné au feutre de façon très maladroite.

Analyse de l'idéogramme reïki :

J'ai dessiné ci-dessus l'idéogramme reïki dans sa forme ancienne car la forme nouvelle donne moins d'indications sur le sens du mot

La partie haute de l'idéogramme correspond au terme reï. Dans la forme ancienne, elle est en trois niveaux. Le dessin du haut représente le ciel et la pluie qui tombe du ciel. On pourrait ici parler de bénédiction céleste ou d'une pluie de bénédictions. Les 3 « récipients » en dessous représentent 3 bouches ou bien la trinité pouvoir, sagesse et amour, ou bien encore la trinité corps, cœur et âme ou esprit.

Ensuite plus bas est le terme chamane. Le ou la chamane est celui qui sert d'intermédiaire entre les esprits et les humains, c'est un pont entre le ciel et la terre, entre le divin et l'humain, entre le spirituel et le matériel, entre l'absolu et le relatif.

La partie basse de l'idéogramme signifie ki et se retrouve dans tous les idéogrammes comportant le terme ki (aïkido par exemple). Le terme ki contient les idées de vapeur ou souffle et le grain de riz. (à mon avis c'est très lié à la vie, du fait du souffle et que le riz est la nourriture de base, en Asie, donc ce qui donne la vie).

Tout comme avec les mots, il peut être difficile de rendre un concept abstrait ou subtil à travers un idéogramme.

Quand à son interprétation, elle dépend aussi des personnes, de la culture, et ce n'est pas la nôtre.

Note pour les lecteurs :

Je remercie chaleureusement toutes les personnes qui ont acheté ce livre.

J'ai pour projet de publier aussi mon manuel okuden zenki (second degré, première partie), mais aussi de nombreux autres livres sur le développement personnel, le chamanisme et la spiritualité. J'en ai plusieurs qui sont quasiment terminés.

Pour m'encourager à continuer à publier des livres à bas prix sous divers formats, et rendre ces livres faciles à trouver sur amazon, je vous serais très reconnaissante si vous laissiez un très bon commentaire sur amazon (au moins 4 étoiles sans quoi ce n'est pas trouvé).

Je vous incite à lire mes sites web qui vous donneront de très nombreuses informations sur mes activités, mon parcours, mes stages, ainsi que de nombreuses références de livres utiles aux personnes qui sont sur un chemin de développement personnel.

http://www.tambourschamaniques.fr

http://www.au-coeur-de-la-vie.com

http://www.lereikiguide.com

Vous trouverez ci-après un résumé des programmes des stages de second degré, ma page «à propos de l'auteur», suivie par une page permettant de se rendre directement sur amazon pour laisser un commentaire sur le livre (page ajoutée automatiquement par le proramme amazon kindle).

A très bientôt, Valérie Tardy

Programme Reïki second degré première partie : okuden zenki

L'okuden zenki s'adresse à des élèves motivés pour le Reïki et qui ont acquis une certaine confiance dans cette méthode par leur pratique du premier degré. La confiance et la motivation sont plus importants que la réussite parfaites de byosen ou reiji-ho, dans la mesure où la première partie du second degré apporte de nombreux outils pour travailler sur vous (et non sur les autres).

Délai pour passer la première partie du second degré : entre 3 mois et un an selon les élèves. Il est plutôt recommandé de le suivre assez vite, afin de pouvoir utiliser ses outils précieux pour le travail sur soi.

Le second degré permet d'utiliser son intention de façon plus spécifique pour travailler sur soi : guérison du passé, travail sur des situations,des croyances, des habitudes, etc. Vous utiliserez souvent ces outils pour faire votre lessive.

Programme okuden zenki

Révision du premier degré / mise au point sur la pratique, les difficultés rencontrées, réponses et solutions.

Les 3 symboles du second degré,

explications, méditation, entrainement au dessin,

Réflexion sur ce que sont les symboles

Méditations/ visualisation sur les symboles Reïki

L'intention : son importance, comment l'utliser. Doute et confiance.

techniques du second degré, protocoles d'utilisation des symboles pour :

Le traitement à distance

Le soin mental

La guérison du passé

Le traitement des situations

Méditation : on fait le point sur la pratique de l'élève, et on essaie de nouvelles techniques. Beaucoup de pratique.

Shiné avec visualisation (variante de la méditation du premier degré, avec visualisation)

Tratak : méditation de yoga, sur un objet.

Compassion : on fait le point sur la pratique de l'élève, et on essaie de nouvelles techniques.

Méditation de compassion

Maitri

Les kotodamas de Usui : il s'agit de sons sacrés transmis traditionnellement au Japon par lignées, I shin den shin (d'âme à âme). Usui nous a transmis 4 kotodamas à utiliser pour le soin ou la méditation, 3 sont transmis au second degré.

Éthique du second degré : réflexion sur les spécificités du second degré, questions et difficultés rencontrées.

Techniques japonaises :

Révision des techniques du premier degré

nouvelles techniques :

Seishin toitsu (gassho kokyuu-ho) : méthode de respiration

Mokunen : focalisation de l'intention

Hatsureï-ho : technique précédant le reiju

Enkaku chiryo, : pratique à distance

shashin chiryo : pratique avec une photo

sei he ki chiryo : traitement du mental

Programme okuden koki

Révision de okuden zenki, mise au point sur la pratique, les difficultés rencontrées, le chemin de développement personnel. Conseils personnalisés, approfondissement des techniques et de leur compréhension, ainsi que de la compréhension du Reïki.

Méditation:

shiné encore. beaucoup de pratique.

Zazen shikan taza: méditation traditionnelle zen (sans objet autre que la posture) .

Compassion : tong len

Techniques japonaises :

Oshi-te Chiryo Ho

Nada-te Chiryo Ho

Uchi-te Chiryo Ho

Ibuki-ho : Koki-ho, Gyoshi-ho : traitement par le regard et par le souffle

Ketsueki-ho : Hanshin koketsu-ho, Zenshin koketsu-ho : méthodes de purification

Hesso chiryo : traitement par le nombril

Tanden chiryo : traitement du tanden (vitalisation)

laser-ho : concentrer l'énergie en un point

Jacki kiri joka-ho : purification, élimination d'énergies incompatibles sur les objets.

Reïki undo : pratique de groupe

Harmonisation des 3 tandens

Approfondissement de joshin kokyuu-ho /hikari kokyuu-ho

Ces techniques japonaises sont les dernières à être transmises, mais elles ne constituent pas l'essentiel du stage. Lors de ce stage okuden koki, je pose beaucoup de questions afin d'approfondir la compréhension du Reïki et de nombreux aspects de la Vie, tels que l'intention. En général on participe à ce stage sur invitation de ma part, lorsque l'on a déjà suivi de nombreux stages avec moi et beaucoup changé.

Cependant, les sujets abordés pendant ce stage sont profonds, et la plupart des élèves en ressortent avec le sentiment de n'être qu'au début de leur chemin et ne rien savoir. C'est le genre de stage qu'il est bon de suivre plusieurs fois. Chaque fois que l'on refait un stage, il parait différent de la fois précédente, car on n'entend pas les mêmes choses, et on ne comprend pas de la même façon.

A propos de l'auteur

Valérie Tardy est mère de trois enfants. Enthousiaste et passionnée, elle s'est intéressée à de nombreux domaines, dans lesquels elle est souvent devenue experte. Les recettes de cosmétiques et de savons naturels que Valérie met au point pour toute sa famille sont reprises par de nombreuses personnes satisfaites ; le blog de musique qu'elle a créé après s'être lancée dans l'apprentissage du violon à 42 ans est devenu une référence. Au fil des années, elle a acquis de nombreuses connaissances sur les plantes, les huiles essentielles et les soins naturels. Diplômée de l'Ecole Nationale Louis Lumière, Valérie est également passionnée de photo et de cinéma.

Mais tout cela est peu de choses comparé à son engagement sur son chemin spirituel. Si Valérie s'exprime si aisément dans de nombreux domaines, c'est avant tout à un long travail sur elle-même qu'elle le doit. Attirée par la voie spirituelle dès l'enfance, Valérie a suivi un parcours de transformation intensif qui a fait de la jeune fille timorée qu'elle était, une femme libérée et épanouie.

Depuis une douzaine d'années, Valérie partage son expérience et sa connaissance à travers des stages qui permettent à ses élèves de se libérer de leurs conditionnements, blocages, peurs et croyances limitantes. Valérie souhaite maintenant partager avec le plus grand nombre à travers des ouvrages numériques accessibles et adaptés aux besoins de ceux qui cherchent à améliorer leur vie ou à mieux comprendre le monde. Vous serez surpris par son langage direct, simple, profond, et par la clarté de sa vision.

(Cette présentation de l'auteur a été proposée par les Editions Actée et revue par l'auteur.)

Si vous désirez avoir plus d'informations sur les activités de Valérie Tardy, participer à l'un de ses stages ou la consulter en rendez-vous individuel, vous trouverez toutes les informations nécessaires sur ses sites :

http://www.lereikiguide.com (stages reiki et séances reiki)

http://www.tambourschamaniques.fr (tous les stages de valérie, rendez-vous pour du travail individuel ou des soins, forum)

http://www.au-coeur-de-la-vie.com

(blog, stages,)

Utilisez les formulaires de contact des sites pour la contacter.

Mentions légales

Cet ouvrage est la propriété de son auteur, Valérie Tardy. Il est protégé par le droit des auteurs, quel que soit son support de diffusion (papier, ebook, pdf, etc). Aucune partie de cet ouvrage ne peut être diffusée sous quelques forme que ce soit, ni vendue, ni partagée gratuitement, ni traduite, ni utilisée sans le consentement écrit de son auteur, Valérie Tardy.

ISBN 979-10-94741-00-9 (MOBI)

ISBN 979-10-94741-01-6 (PDF)

ISBN 979-10-94741-02-3 (EPUB)

ISBN 979-10-94741-03-0 (version papier)

Edition : Au Coeur de la Vie

Email : valerie.tardy@au-coeur-de-la-vie.com

Site internet : http://www.au-coeur-de-la-vie.com

Au coeur de la vie est une marque déposée à l' INPI appartenant à Valérie Tardy

www.ingramcontent.com/pod-product-compliance
Lightning Source LLC
Chambersburg PA
CBHW061322120726
48001CB00002B/630